Drei!

Die Autorin:
Thyra Thorn ist Ethnologin/MA, Autorin und bildende Künstlerin. Seit den 1980ger Jahren stellt sie ihre Bilder im In- und Ausland aus. Seit 2008 veröffentlicht sie literarische Texte.
Sie schreibt für österreichische, schweizerische und deutsche Literaturzeitschriften. Ende Oktober 2020 nahm sie als eine der neun Finalisten an der FLORIANA Literaturbiennale in St. Florian/Österreich teil.

Der Maler:
Edgar Piel, geb. 1946 in Köln, lebt in Tübingen. Studium der Philosophie, Literatur- und Theaterwissenschaft in Köln. Hat als empirischer Sozialwissenschaftler gearbeitet. Mehrere Buchveröffentlichungen und zahlreiche Artikel in Zeitschriften. Diverse Hörspiele, produziert vom SR, SWF, NDR, WDR, Schweizer Rundfunk, Radio Bratislava. Seit 1995 auch Malerei und Ausstellungen in Deutschland, Italien, Norwegen und Kosovo.

Thyra Thorn

Drei!

Edgar Piel

Bildstrecken

PänK Verlag

Mehr über unsere Autoren und Bücher:
www.paenk-verlag.de

Die Deutsche Nationalbibliothek verzeichnet diese Publikation in der Deutschen Nationalbibliografie: detaillierte bibliographische Daten sind im Internet über http://dnb.dnb.de abrufbar.

PänK Verlag UG, Lehenweg 8a, 93073 Neutraubling
info@paenk-verlag.de / www.paenk-verlag.de

1. Auflage 2023

Bildstrecken: Edgar Piel
Umschlag: Edgar Piel/Thyra Thorn
Druck: Libri Plureos GmbH, Friedensallee 273, 22763 Hamburg

ISBN: 978-3-949035-09-8

Inhalt

Nirgendwo

An der Bundesstraße in Höhe der Abzweigung nach Ohenhausen befindet sich eine Bushaltestelle der Überlandlinie 19. Ein windschiefes Häuschen gewährt den Reisenden Unterschlupf.
Jeden Herbst und Winter fegt der „Böhmische" aus Tschechien über das flache Zuckerrübenland und prallt auf das altersschwache Gebäude, drückt die Wände ein wenig mehr ein. Das Wellblechdach steht hoch, die Schrauben finden keinen Halt mehr, ein breiter Spalt hat sich gebildet.
Die Hinterwand des Unterstandes wurde vor langer Zeit grün angestrichen. An vielen Stellen bläht sich der Anstrich zu Blasen, an anderen sind diese bereits aufgeplatzt. Farbfetzen kleben an der Wand, wo sie fehlen, sieht man auf das flugrostige Blech.
An der Seitenwand fassen dünne Streben eine Plexiglasscheibe ein, die über und über mit Tags, Zeichnungen von erigierten Penissen und Nazikreuzen beschmiert ist, wobei deren Flügelchen allesamt in die falsche Richtung zeigen. Auf der anderen Seite, von der der Bus morgens um sechs heranrauscht, um die Pendler einzusammeln und zur Fabrik zu bringen, fehlt das Kunststoffglas.
Abends um halb sieben werden die Arbeiter wieder zurückgekarrt. Am Wochenende und an Feiertagen gibt es keine öffentliche Fahrgastbeförderung. Das Häuschen dient drei Jugendlichen als Treffpunkt. Auf einer hölzernen Bank finden sie Platz.

Der Älteste der drei ist sechzehn und heißt Ralf. Er ist für sein Alter sehr schmächtig, trägt sein Haar akkurat geschei-

telt und eine schwarze Hornbrille. Mit der einen Hand formt er eine Pistole. „Und wieder und bis in alle Ewigkeit befinden wir uns im Niemandsland bei Ödenhausen an der Straße von Langweilingen nach Kopfschussweiler." Er legt den Zeigefinger an der Schläfe an und imitiert einen tödlichen Treffer.
„Im Zuckerrübenniemandsland, inmitten riesiger agrarindustrieller Nutzflächen", sagt sein fast gleichalter Kumpel Alfons und kramt in der Tasche seines Parkers nach Zigaretten, bietet Ralf und dem Jüngsten im Bunde, Florian, eine an. Florian stößt den Rauch aus und bläst dabei eine blonde Haarsträhne aus dem Gesicht.
„Dir wird das alles hier einmal gehören", sagt Ralf zu ihm.
„Da scheiß ich doch drauf."
„Auf die Rüben? Das will ich sehen", sagt Alfons.
„Ja, mach mal", kichert Ralf.
Alfons schnippst die Glut von der halbgerauchten Zigarette und steckt den Stummel in die Tasche: „Jetzt!"
„Ach nö. Auf Befehl - wie soll das denn gehen?" Florian nimmt einen hastigen Zug. Ihm wird leicht schwummrig.
„Du musst halt ein wenig drücken, dann kommt schon was", sagt Ralf.
„Ich will deinen blanken Arsch über bayerischem Agrargut aufgehen sehen."
„Ihr seid solche Idioten! Aber gut, ich mach´s!" Florian tritt die Kippe aus und marschiert ein paar Schritte in die Rüben, nestelt am Gürtel und hockt sich hin.
„Wir sehen nichts, dreh deinen Hintern her zu uns. Setz ihn ins richtige Licht."
„Aber keine Fotos!"
„Erkennt dich doch keiner."
Alfons und Ralf halten mit den Handys drauf.
„Ein Po im Rübenfeld und was ist schon dabei, denn es ist Sommer und sowieso einerlei", trällert Ralf.
„Sing nochmal, während ich filme. Dann nehm ichs gleich

auf.“ Alfons zoomt vom wolkenverhangenen Horizont auf Florians Kehrseite und kommentiert abschließend die kurze Filmsequenz mit: „Endlich Hoffnung! Die Quelle allen klimaschädlichen Methangases wurde in Niederbayern entdeckt“.
Er stellt die Szene auf YouTube.

„Du bist heute zu Fuß hier. Was ist mit deinem Moped?“, wendet sich Alfons an Ralf. Der zuckt mit den Schultern: „Gestern in Deppenhausen gestrandet.“
„Wie das?“
„Mir war todlangweilig, meine Mom nervte mit Aufräumen und da bin ich ein wenig über Land gecruised.“
„Du?“
„Auf der Suche nach Abwechslung.“
„Ausgerechnet hier?“
„Überhaupt auf der Suche nach Leben, nach irgendeinem. Ich bin durch ein paar Dörfer: Trostlosingen, Suizidalenstett, Hängdichaufdorf usw. Nirgendwo auch nur ein Mensch auf der Straße.“
„Vielleicht sind alle schon tot und wir wissen es nur nicht. Mit einer Zeitschaltuhr werden nach Sonnenuntergang in den Smart-Homes Wohnzimmerlichter und TV eingeschaltet, damit wir denken, da wohnt noch jemand. Wo keiner mehr lebt, braucht man auch nichts mehr in den Straßenbau investieren oder überhaupt in die Infrastruktur. Die da oben scheißen doch aufs Land.“
„Tun wir doch auch, zumindest Flo!“
„Da kam doch nichts“, wehrt dieser ab.
„Was ist denn nun mit dir und dem Moped?“, wendet sich Alfons wieder an Ralf.
„Naja, ich merk also, dass das Benzin knapp wird und denk mir, ich steuer die nächste Tankstelle an. Bei Blödheim gibts eine, das schaff ich locker, hab ich gedacht.“
„In Böhlheim? Aber die ist doch ...“

„... schon lange dicht. Hab ich dann auch gemerkt."
„Au Scheiße. Und die in Hengersdorf?"
„Auch!"
„Wusst ich nicht."
„Wie auch, wer - außer mir - kommt auch sonst nach Hängdichaufdorf! Jedenfalls in Deppenhausen war dann Schluss. Nichts mehr im Tank. Habs vorm Huberwirt abgestellt. Der war aber auch zu. Handyempfang gibts da auch nicht, nicht mal einen Balken. Ich also auf die Landstraße, erstmal walken."
„Wie lang?"
„Über eine Stunde, dann kam endlich jemand und hat mich mitgenommen. So´n Chick, sah heiß aus. Hab ihre Telefonnummer."
„Was? Wow!"
„Nett war sie auch noch, hat mich heimgefahren."
„Blond?"
„Hm."
„Möpse?"
„Prall."
„Arsch?"
„Auch."
„Sauber."
„Wann rufst du sie an?"
„Morgen Abend."
„Cool."

Florian schnürt seinen Rucksack auf und holt eine Flasche Wodka heraus. Die Drei lassen die Flasche kreisen, nehmen jeder einen Schluck, schnappen kurz nach Luft.
„Dein erstes Weib, das müssen wir doch feiern."
„Weiß ja noch gar nicht, was daraus wird."
„Aber du hast wenigstens eine Chance. Ich werd nie bei einer landen", sagt Alfons.
„Weil du weder klein noch hilflos wirkst, sondern der totale

Klugscheißer bist. Lass dir was einfallen“, sagt Florian.
„Was denn? Du bist wenigstens reich.“
„Ich habs noch schwerer als du.“
„Blödsinn, du siehst gut aus und hast auch noch drei Schwestern, kennst dich also mit Mädchen aus.“
„Das ist es ja gerade.“
„Wie?“
„Die sind das pure Grauen!“
„Das stimmt allerdings.“
„Auf die Höllensisters!“
Die Flasche kreist, jeder nimmt einen Schluck und schüttelt sich.
„Der Stoff wird nicht besser!“
„Aber auch nicht schlechter!“

Über ihnen zieht eifrig schnatternd eine V-Formation Gänse dahin. Ein paar Mücken flüchten vor dem Wind ins Bushäuschen. Zwei Kaninchen hoppeln eine Furche entlang. Daneben ragen auf beiden Seiten die zur Ernte bereiten Feldfrüchte aus dem Boden. Auf wulstigen Knollen thronen Kronen aus zerfledderten Blättern, einige grün und breitgefächert, andere schon bräunlich verfärbt, zu dünnen Stängeln geschrumpft.

„Der Wassergehalt der Rüben liegt unter siebzig Prozent. War trocken dieses Jahr. Dafür beträgt der Zuckergehalt fast zwanzig“, sagt Florian.
„Aha.“
„Soso.“
„Wen interessiert das?“
„Je mehr Zuckerrüben, desto weniger Rohrzuckeranbau und umso weniger Urwaldabholzung.“
„Hörst dich an wie die Werbebroschüre vom Bauernverband“, sagt Alfons.

Das Feld ist unverändert. Ein Fasan krächzt. Eine Mücke setzt sich auf Alfons Handrücken.

„Morgen ernten wir übrigens in Derrenhausen. Wenn du willst, pack ich einen Kanister Benzin ein und nehm dich mit,“ sagt Florian zu Ralf.
„Ja klar, super.“
„Geht früh los.“
„Wann?“
„Sei um halb sechs bei mir.“
„Ich tät auch gern mitkommen und mir einmal großindustrielle Agrarproduktion anschauen. Damit ich in Zukunft weiß, wovon ich rede“, sagt Alfons und grinst: „Und was der Feind so macht.“
„Der baut Rübenvollernter mit 6-Zylinder-Volvo-Reihenmotor, Pendelvorderachsen, hydraulisch gestützten Hinterachsen und einem Getriebe, das aus drei Ölmotoren auf einem Summierungsgetriebe besteht. Für den automatischen Hangausgleich sorgen sechs Zylinder und natürlich die ganze Sensorik.“
„O.k., o.k.“
„Du musst bei meinem Dad mitfahren.“
„Und zurück mit mir auf der Simson“, sagt Ralf.

Der Wind hebt einzelne Blätter an und legt sie etwas weiter wieder ab. Die Landstraße bleibt leer. Weitere Mücken greifen an.

„Komm, wir schauen mal, wie viele sich mittlerweile das Video angesehen haben“, sagt Florian.
Alfons klickt es an: „Zweihundertzwölf.“
„Wow. Wir sollten noch eines machen. Diesmal wir drei.“
„Ich zeig doch nicht meinen blanken Arsch!“

Landstraße, Fasan, Mücken, Rüben, Wolken. Der Wind schläft ein.

„Wisst ihr, was Twerken ist?"
„Ja klar, wenn die Weiber mit dem Arsch wedeln."
„Das wäre doch was fürs Video."
„Spinnst du?"
„Sieht doch keiner, ob das Männer- oder Weiberhintern sind."
Alfons grinst: „Also, einer muss filmen, und der bin ich."
„Und du achtest ganz sicher darauf, dass man nur unsere Pos sieht und sonst nichts?", fragt Ralf.
„Ja, acht ich drauf, versprochen."
„Zeig doch mal ein Übungsvideo, damit wir sehen, wie das geht."
Alfons klickt ein Booty-shake-tutorial an, in dem eine junge Frau die Hüften kreisen lässt, einmal im Uhrzeigersinn, dann dagegen, ihr Becken vor und zurückkippt, in die Knie geht, den Hintern noch weiter herausstreckt, das Tempo so erhöht, dass alles wackelt und schwabbelt und gleichzeitig verführerisch in die Kamera lächelt.
„Sieht ganz leicht aus", sagt Alfons. „Ich mach auch mit. Zuerst installier ich hier die Kamera, dann gehen wir in Position und zuhause cutte ich den Streifen so, dass uns keiner erkennt."

Die Drei sehen sich um. Aber wie erwartet, ist im Niemandsland niemand. Die Hosen werden fallengelassen. Ralf und Florian staksen über vier Blätterreihen und stellen sich in Position. Das Tageslicht reicht noch aus, um die weißen Hintern ausreichend in Szene zu setzen. Wie zwei Sonnen gehen sie über den Rüben auf.
„Und jetzt wackeln!", befiehlt Alfons.
Die beiden lassen die Pobacken zittern.
„Grandios, fulminant. Ich lass jetzt ein paar Songs laufen, da-

mit wir synchron twerken." Er befestigt das Handy am leeren Fensterrahmen. Es quäkt „Booty„ von Nina Pacheco. Er stellt sich neben die beiden. Und dann geht´s los. Zwei Hintern oben und der in der Mitte etwas weiter unten setzen sich in Bewegung, werden hin und her geschwenkt, zusammengekniffen und locker gelassen, zittern, beben, schaukeln. Zirka fünfzehn Minuten lang.
Dann ziehen sich die Drei wieder an.
Sichten das Material.
„Also echt", sagt Ralf.
„Anfang und Ende schneide ich raus und nehm nur den Mittelteil."
„Trotzdem, ein bisschen komisch ist das schon."
„Hm."
„Sollen wir das echt ins Netz stellen?"
„Macht jetzt keinen Rückzieher. Das könnt ihr mir einfach nicht antun. Neben euren mageren Bubenärschen ist meiner die pure Offenbarung!", sagt Florian.
„Aber Flo. Es weiß doch keiner, dass du es bist. Und überhaupt, warum ist dir das so wichtig? Du tust ja gerade so, als hätten wir einen Werbefilm für deinen Hintern gedreht."
„Und wenn?"
„Wie? Du bist doch nicht schwul!"
„Doch, bin ich", sagt Florian. „Und wie!"

Es fängt an zu nieseln. Graue Schleier reichen von den Wolken bis zur Erde. Das endlose Feld versinkt zunehmend im Dunst. Ein näherkommendes Auto schaltet die Scheinwerfer an. Die Lichter des Wagens spiegeln sich im Asphalt, blenden sie kurz, passieren die Haltestelle, tauchen weiter vorn den Nebel in diffuses Licht und werden schließlich von roten Rückstrahlern ersetzt.

„Ich habe mich gerade als schwul geoutet, bekomm ich vielleicht mal ne Reaktion!", fordert Florian.

„Mir doch wurscht. Aber wenn es dir so wichtig ist, dann veröffentlichen wir eben das Video. Meinet ... “, sagt Ralf.
„Hey, Jungs, mir fällt gerade auf, dass das Ganze eine ungeahnt politische Dimension hat“, unterbricht Alfons ihn. „Wir müssen die Sache noch viel größer aufziehen. Nächstes Wochenende twerken wir vor dem Atomreaktor in Ohu und dann machen wir gleich vor der geplanten Trasse des Südostlinks weiter. Die endet ja auch da in der Gegend.“
„Von wo kommt ... ?“, fragt Florian.
„Nein, frag nicht!“
„Vom Morden im Norden. Von Wohlmirunddirundunsallenstedt bei Magerburg über ThürundTorlingen nach Söderland und bei uns dann weiter über Schwabbeldorf, Tittenklau, Pieselnd, Blödenwald, Schwör, Pfurzer, Pisskofen, Aufundniederimmerwiederhausen, Ballerballerdorf bis nach Würgkotzdeinessenbach bis Isar 2“, sagt Ralf.
„Ist eben was Politisches.“
„Jau, haut rein.“

STRASSEN IRGENDWO

ES TREFFEN SICH DREI STRASSEN, 2002

Dreifaltigkeit

Unsere Straße

Als unser Haus gebaut wurde, waren Jägerzaun und Holzverschalungen in Mode, in den Vorgärten kämpften sich stachelige Bodendeckerpflanzen durch eine Schicht streng riechenden Rindenmulchs und samstags wurde der Rasen gemäht.
Im Laufe der Jahre ersetzten fast all′ unsere Nachbarn das Holz ihrer Balkoneinfassungen durch ein glänzendes Alugeländer, nur meine Mutter gießt bis heute die stinkenden Geranien in ihren hölzernen Blumenkästen.
Wir sind auch die einzigen, die noch einen niedrigen Gitterzaun haben. Bei den anderen säumen Gabionenmauern oder hohe Plastikwände die Straße, sodass man allenfalls obere Stockwerke, Balkone und Dächer sehen kann.
Ich nehme an, dass in den meisten Gärten die pflegeleichten Kriechpflanzen herausgerissen und kleine Gartenteiche mit – laut plätschernden - Springbrunnen angelegt wurden, mit einem Netz über der Wasserfläche, damit die Kleinen nicht hineinfallen. Viele Nachbarn kauften Trampoline. Ab und an sah ich einen Kinderkopf über den Außenbefestigungen auftauchen oder ein paar Haare fliegen.
Das alles ist jedoch lange her. Samstags dröhnen nur noch wenige Rasenmäher in unserer Siedlung. Arbeitsplätze in der Umgebung gingen verloren, Umstrukturierungen fanden statt, Produktionen wurden in die Nähe größerer Städte verlegt, der Überlandbus fährt nicht mehr durchs Dorf, sondern bleibt auf der Bundesstraße.

Früher

„Ich bin zu jung für Glaubersalz“, dachte Elsa. Es würde nicht lange dauern und ein Rumoren in ihren Därmen würde davon zeugen, dass sie noch nicht in dem Alter war, in dem diese Art von Vorgängen beschleunigt werden müssen. Jedoch gehörte es zu ihrem Job. Die Hotelgäste erwarteten eine Stadtführung und körperlichen Einsatz. Trank sie von der Franzensquelle, taten sie es auch, drückte sie sich darum, verschmähten sie ihrerseits das bitter schmeckende Wasser.
Vom Quellhäuschen aus ging es weiter in die Prachtstraße von Franzensbad, die Frantiskovy Lazne. Nach einem pompösen Auftakt in Form einer überdimensionierten Kurhalle verlor sich die am Reißbrett konstruierte Promenade in eine Reihe putziger Häuser mit schneeweißen Stuckverzierungen, Simsen und Schnörkeln. Das Hotel Slovan, in dem Elsa als Rezeptionistin arbeitete, befand sich auf der linken Seite. Früher hieß es „Goldener Engel“, doch dann wurden die Besitzer enteignet. Bei der Umbenennung gab man sich nationalistisch: Slovan heißt übersetzt „der Slawe“.
Der neue Direktor betonte hingegen fortwährend seine und der Belegschaft Hingabe an den FC Slovan Liberec, der irgendwann sicher wieder tschechischer Meister werden würde und dem zu Ehren das Hotel so benannt worden sei. Zum Beweis langjähriger treuer Anhängerschaft erstrahlten die Sonnenschirme vor dem Haus in den Vereinsfarben weiß und blau.

Im Zuge der Renovierung brachte man im Eingangsbereich große Spiegel und eine Vielzahl kleiner bauchiger Lämpchen an, die zwar nicht immer alle brannten, dem Hotel aber ein gewisses Flair verliehen. Das Entrée sah aus, als führe es in eines der Lichtspielhäuser im Mittleren Westen der USA.
Ansonsten entsprach das Slovan jedoch in allem dem Durchschnitt. Die Kurgäste waren insgesamt eher älter als jünger,

eher gediegen als modern und eher deutsch als aus fremden – interessanteren - Ländern. Beruflich gesehen war das Hotel keinesfalls eine Chance, sondern nur eine Sprosse auf Elsas Karriereleiter, und zwar eine ganz weit unten. Sie wollte mehr als das und haderte mit dem Schicksal, das sie an die Rezeption verbannt hatte.

Bis zu dem Tag, an dem Elvis durch die Tür kam.

Die Saison war fast vorüber. Die prächtigen Palmen, die den Sommer über den Hoteleingang umrahmten, hatte man in ihre Winterquartiere gebracht, die Replika aus dem Juwelierschaukasten vor dem Haus waren verschwunden. In den Cafés der Stadt war es dunkel, die Türen geschlossen. Ein kalter Wind jagte welke Blätter über die Hauptstraße.
„Looks like Disneylandpark at closing time", sagte Elvis und lächelte. Er war es, kein Zweifel. Er musste um die siebzig sein.
„Welcome, Mr Presley."
Er sah sie prüfend an, wartete wohl auf spontane Begeisterung oder wenigstens tiefes Luftholen. Elsa war zu professionell, um sich auch nur die kleinste Unsicherheit anmerken zu lassen: „Sie haben reserviert?"
Er nickte: „Auf den Namen Jürgen S. und Begleitung."

Es gab zwei Menschen auf der Welt, die Elsa schon immer hatte kennenlernen wollen. Der eine war der Mann, bei dessen Lied: „Are you lonesome tonight" sie gezeugt worden war. Der andere war derjenige, der ihn Karate gelehrt hatte. Elvis „the pelvis" Beckenkreisen zu „hound dog" war schon immer viel mehr gewesen als der laszive Hüftschwung einer Bauchtänzerin. Seine Bewegungen, sein fester Stand auf der Bühne, alles atmete Kampfsportgeist. Auch jetzt wirkte sein Körper noch jugendlich straff.

„Sie haben in Franzensbad zu tun?"
„Wir wollen ins Dojo in der Kollárova, zum Shinkyokushinkai-Karate." Er sprach es sehr japanisch aus, auch den Straßennamen.
„Vollkontakt-Karate", nickte sie, „ich trainiere auch dort."
„Wenn Sie Zeit haben, könnten Sie mir ein wenig darüber erzählen", sagte er und schenkte ihr dieses ein wenig schiefe Lächeln, das schon so viele Frauen hatte schwach werden lassen. Uns so kam es, dass noch am selben Abend die Rezeption des Slovan zum ersten Mal in seiner Geschichte, - einschließlich der Zeit, in der es noch der „Goldene Engel" hieß – geschlossen war. Elvis und Elsa - später kam noch Jürgen S. hinzu - saßen im „Vinárna", dem hoteleigenen Restaurant. Ihr Kollege Pavel bediente sie mit einer Hingabe, die Elsa ihm nie vergessen würde.

Natürlich wurde sie wegen dieses Abends zum nächsten Ersten gefeuert. Nicht einmal wegen Kaiser Franz hätte sie die Rezeption schließen dürfen. Außerdem glaubte ihr der Direktor nicht, dass es wirklich Elvis war und nicht einer der zahllosen Imitatoren. Solange Elsa jedoch noch im Slovan Dienst tat, ließ Pavel für sie ab und an die alten Songs spielen: „Hound dog" oder „Heartbreak-Hotel."
Dann trat Elsa auf die Straße, ließ die Tür offen, damit die Musik zu hören war, betrachtete die Lampen über dem Eingang, dachte an Memphis/Tennessee und den King.

Jesus, Elvis, FC Slovan Liberec

Das Wohnzimmer meiner Eltern ähnelt einer Skihütte, Holz überall: oben, unten, an allen Wänden. An der Wand über dem Sofa hängen zwei Bilder: Jesus in seiner unendlichen Einsamkeit am Abend vor der Kreuzigung und Elvis im edelsteinbesetzten Ganzkörperdress, den er bei der „Aloha from Hawai"-Show trug, daneben ein blauweißer Schal mit der Aufschrift FC Slovan Liberec. Damit die Sonne weder das Holz noch die Devotionalien ausbleicht, sind die Vorhänge tagsüber zugezogen. Für meine Eltern ist unsere Stube eine sichere Insel, auf die sie sich vor der immerwährenden, wie in Stein gemeißelten Xenophobie der Nachbarschaft retten können. Hier sprechen sie in ihrer Muttersprache; hier wird tschechisch gegessen und getrunken.

Im Lauf der Jahre haben sich die vielen Geschichten über die aufgegebene Heimat tief in die Ritzen und Spalten der Verschalung gefressen und dünsten langsam wieder aus. Es mieft vor Kitsch und Rührseligkeit, vor Schicksalsergebenheit, vor Sehnsucht nach einem verlorenen Paradies, das nur meine Eltern bewohnten und wieder bewohnen werden, niemand sonst, nicht die Familie, nicht einmal der eigene Sohn. Wenn meine Mutter auf Elvis zeigt und mir erzählt, dass sie zu seiner Musik Liebe machten und dabei mich gezeugt hätten, hegt sie zwar den Wunsch, mich einzubeziehen, tut es in Wirklichkeit aber nicht. Sie belügt sich selbst. Ich sehe es in ihren Augen.
Ich gehe weg.

Wartehäuschen

An der Bundesstraße, dort, wo die Straße zu unserem Dorf abzweigt, befindet sich eine Bushaltestelle der Überlandlinie 19. Der Bus hält dort nur noch zweimal am Tag, einmal morgens und einmal abends.
Das Wartehäuschen steht schon ganz schief, der Wind hat es zur Seite gedrückt und das Wellblechdach an einer Seite nach oben geschoben, ein breiter Spalt hat sich gebildet. Das Dach klappert im Wind. Keiner repariert es mehr, überall blättert der ursprüngliche Anstrich ab, das Betonfundament hat Ris-

se, in den Ecken sammeln sich Kippen, leere Dosen, Jointfilter.
An einer Seite ist die Plexiglasscheibe herausgebrochen, auf der anderen Seite ist sie über und über mit Kritzeleien bedeckt: Schriftzüge, kleine Zeichnungen, geile Sprüche, alles was den Leuten, die auf den Bus warten, so einfällt, oder den Jugendlichen, die sich am Wochenende hier treffen und vor lauter Langeweile das gesamte Bushäuschen wieder und wieder bemalen und besprühen, Schicht auf Schicht.

Roulade

Wenn früher der Wecker klingelte, war es mir immer ein Genuss, mich auf die andere Seite zu drehen und meinen Körper fest in die Decke zu wickeln. Ich war eine Roulade, alles kompakt, alles zusammengepresst, alles gehörte zu mir, kein Zipfelchen durfte abstehen.
Eines Morgens wurde mir dabei so warm, die Luft so knapp, dass ich mich hastig von meinem Federbett befreien musste und keuchend mit weit ausgebreiteten Armen solange liegenblieb, bis sich mein Atem wieder beruhigte und mein Herz aufhörte, wild zu hämmern. Ich hatte einen Panikanfall. Von da an konnte mein Bett nicht mehr sicherer Zufluchtsort sein.
Seither wache ich noch vor der Morgendämmerung auf. Ich strecke einen Fuß hinaus und überlasse ihn der Kälte des Zimmers. Wenn er ausgekühlt ist, ist es der Fuß eines Toten, der an mir dranhängt. Ich habe die Wahl, ihn anzunehmen oder ihn abzulehnen. Ich male mir aus, wie ich ihn abschneiden und es nicht einmal spüren werde, weil er schon fast zu Eis gefroren ist.
Doch ich mache mir nichts vor: die Vorstellung, dass ich danach wieder zur gedankenlos glücklichen Roulade zurückfinden könnte, ist nichts als trügerische Hoffnung. Nichts wird

wieder so sein, wie es war. Die Gedankenmühle rattert weiter. Von welchem Körperteil ich mich auch trennen würde, ob von Armen, Beinen oder Penis - es werden weitere Bruchlinien entstehen.
Wenn ich hingegen neue Teile anhefte, eine Vagina, Brüste oder eine biomechanische Prothese, werde ich für immer ein Puzzle sein, zusammengesetzt aus vielen einzelnen Stücken, ein Mensch unbestimmten Geschlechts, oder schlimmer noch, ein Cyborg. Wie konnte das passieren?
Ich beneide Pavel und Elsa, die sich ihrer Identität so sicher sind.

Gott, Kirche, Landratsamt

In unserem Dorf darf kein Gebäude höher als der Kirchturm sein, keines weiter in den Himmel ragen als dieser eine Spross, der aus der barocken Dachzwiebel wächst. Eine Bauregel aus dem Mittelalter schreibt es vor und da offenbar niemand die Prämissen mittelalterlichen Denkens hinterfragt, wird hier weiterhin der Mensch seinen Kopf gebeugt halten und den Blick zu Boden richten. Den allerdings versiegelt er, wo er nur kann. Reiht Straße an Straße, Einfamilienhaus an Einfamilienhaus - alle mit geteerten Einfahrten, mit versteinerten Vorgärten, mit Garagen, deren Dächer ebenfalls kleine Zwiebeln zieren.
Wenn ich Gott zu Hilfe holte und er müsste unser Dorf durchqueren, würde ihn der Gedanke, Teer, Beton, Steine und Fliesen mit den Fußsohlen berühren zu müssen, anekeln. Es bliebe ihm nichts anderes übrig, als darüber zu schweben, immer höher, immer weiter weg. Mit einem heftigen Fußstoß würde er dabei die Kirchturmzwiebel wegkicken und wegen der von den Menschen angerichteten Naturzerstörung ein fürchterliches Donnerwetter loslassen. Nachdem das verklungen wäre, würde er durch ein Loch in

den Wolken die Menschen beobachten. Dabei müsste er feststellen, dass kein einziger Gläubiger sich durch das Spektakel hatte beeindrucken lassen.
Daraufhin würde Gott beim Landratsamt vorstellig werden und eine Änderung der Bauvorschriften beantragen, dahingehend, dass in Neubaugebieten künftig kein Wohnblock weniger als fünfzehn Geschosse haben dürfte und der Raum zwischen den Häusern naturbelassen bleiben müsste. Allenfalls könnten schmale Bänder aus Rasengittersteinen, die das Regenwasser durchließen, die Häuser verbinden. Auf denen bewegten sich die Menschen mit solarbetriebenen Mopeds fort. Ab und an seien ein Spielplatz, eine Skaterbahn oder eine Kneipe zu bauen.
Man würde Gott abschlägig bescheiden.

Widerstand

Ich male Hakenkreuze an das Fenster in der Bushaltestelle, um zu zeigen, wie wenig sich die Gesellschaft seit der Nazizeit geändert hat. Dabei verhunze ich das Emblem mörderischer Faschismusbürokratie, indem ich die Flügelchen in die falsche Richtung zeigen lasse und es der Lächerlichkeit preisgebe. Das ist keine große Tat und sicherlich gebührt mir dafür kein Orden. Aber es ist ein Anfang.
Ich rufe die Polizei an und erstatte Selbstanzeige: ich würde an der Bushaltestelle auf sie warten und dächte nicht an Flucht.

Seit Stunden starre ich auf die Plexiglasscheibe mit den verkehrten Hakenkreuzen. Wenn nur die Polizei endlich käme!

Vater, Mutter, Kind

Ivin briet Eier mit Schinken. Robert ekelte sich jedes Mal vor den gelb-rötlichen Eierschinkenbergen, die sie, ohne zu fragen, auf seinen und der Tochter Teller häufte.
Ivin setzte sich ihm gegenüber und sah beim Essen zu: „Du Robert, das Brennholz haben sie einfach auf den Hof gekippt."
In ihrer Stimme war ein Schwingen, das ihm bedeutete, möglichst SOFORT in den Hof hinaus zu stürzen, um das Holz in den Schuppen zu räumen. Eine winzige Modulation, ein Vibrieren, das die Katastrophe ahnen ließ, die unweigerlich einträte, wenn er nicht schnell genug handelte. Begleitet war es von Blicken aus aufgerissenen Augen, die ihre Botschaften in die Welt schossen.
„Auf einen WIRREN Haufen."
„Ich kümmere mich gleich drum", antwortete er, schob den Teller zur Seite, stand auf und zog seine Jacke an.

Das Holz war in dicken Kloben angeliefert worden. Er prüfte mit dem Daumen die Schärfe der Axt und rollte den Hackstock herbei, legte den ersten Klotz darauf und markierte mit der Schneide die Stelle, in der das Eisen zwischen die Fasern dringen würde. Dann holte er aus.
Das Beil steckte tief im Holz, er hob den Klotz mit dem darin steckenden Werkzeug an, drehte ihn um und ließ die Rückseite der Axt auf den Hackstock prallen. Entlang der geschlagenen Spalte platzte der Block auseinander. Die Scheite fielen zu Boden. Er griff nach einem weiteren Kloben, stellte ihn auf den Hackstock und teilte ihn mit einem einzi-

gen Hieb.
„Papa?“ Seine Tochter stand auf einmal neben ihm.
„Ja, Eva?“
„Mama sagt, du sollst doch wieder ins Haus kommen.“
„Lass mich nur noch ein bisschen was für den Ofen fertigmachen.“ Er griff nach einem Scheit und legte es zurecht.
„Ich will auch mal!“
„Ist gefährlich.“
Er schlug kraftvoll zu. Die Stücke flogen über den Platz. Eva setzte ihnen nach, trug sie in den Schuppen und stapelte sie auf die anderen. Sie arbeiteten eine Zeitlang.
„Komm mal, ich hab jetzt einen Klotz für dich.“ Er winkte seiner Tochter und legte ein flaches Stück auf den Hackstock, zeigte ihr, wo sie es spalten sollte. Eva griff nach der Axt.
„Eva, nicht!“ Ivin stürzte aus dem Haus.
Seine Tochter ließ sich nicht beirren. Die Schneide traf genau die Stelle, auf die sie gezielt hatte. Das Holz zersprang.
Ivin hatte die wenigen Meter vom Haus zum Schuppen zurückgelegt und riss ihr das Werkzeug aus der Hand.
„Willst du sie umbringen?“
„Ivin, ist ja schon gut, sie wollte es doch nur einmal ausprobieren.“
„Dich kann man wirklich NICHT EINE Minute mit ihr allein lassen.“ Sie bemerkte Evas enttäuschten Blick: „Und du gehst sofort rein, mein Fräulein. Wir sprechen uns noch.“
Vater und Tochter trotteten ins Haus. Ivin folgte ihnen mit der Axt in der Hand.

Robert stand vor seinem Maltisch und kolorierte die Zeichnung einer Medusa. Sie erinnerte nur sehr entfernt an das berühmte Bild von Caravaggio. Kein Grauen und Empörung über den erlittenen Tod, keine Hilflosigkeit des Opfers oder Trauer über den erlittenen Verrat. Die Augen seiner Medusa waren weiß und ohne Pupillen. Es gab keinen Spiegel, der ihren Blick zurückwerfen würde. Sie würde ihren Kopf ohne

Zweifel auf dem Hals behalten.
Er empfand eine unbestimmte Furcht vor dem Bild.
Die Tür öffnete sich. Schnell legte er ein Blatt Papier über die Zeichnung. Aber es war nur Eva.
„Zeig", forderte sie und nahm das Blatt weg, „das ist ja Mama. Warum sieht sie uns nicht an?"
„Das wäre nicht gut", überlegte er, sagte aber nichts.

Ivin bemerkte sofort, dass etwas in Robert vorging. Misstrauisch fragte sie ihn, was er denn habe, warum er so geistesabwesend sei und was er überlege.
„Nein, es ist nichts", beteuerte er, „ich denke an meine Arbeit."
Sie sah ihn prüfend an. „DU LIEBST MICH!", stellte sie fest. Nach einer Weile fragte sie ihn, ob ihm denn nicht aufgefallen wäre, in welch schlechtem Zustand die Fenster seien. Es wäre ja sehr schön von ihm, dass er sich ab und an um das Haus kümmere, aber er habe wohl völlig übersehen, wie sehr die salzige Luft an der Küste die hölzernen Fensterrahmen angriffe, sonst wäre ihm sicher aufgefallen, dass man sie ersetzen müsse. „Wir brauchen Fenster mit Alurahmen."
Robert forderte Kostenvoranschläge an, plante, wie und wann welche Fenster geliefert und eingebaut werden sollten. Verglich Preise und überlegte kurz, ob er nicht vielleicht billigere aus dem Baumarkt kaufen solle, beauftragte aber doch lieber einen Handwerker, nicht, weil dessen Argumentation ihn überzeugte, sondern weil er keine Lust hatte, die Fenster selbst einzusetzen. Er würde sowieso viel helfen müssen, Handlangerdienste leisten, putzen, Kaffee kochen und kleine Ersatzteile besorgen.

Über Wochen war das Haus kein Zufluchtsort mehr, sondern eine offene Wunde, für Fremde jederzeit zugänglich. Robert hasste jeden Tag aufs Neue das Geräusch der schweren Handwerkerstiefel.

Schließlich war die Heimsuchung überstanden. Er stand vor großen Alufenstern, schaute am Himmel dem Jagen der Wolken zu und genoss das Coelinblau des Mittsommers. Dieses Blau mit dem grünen Beiklang hatte der Himmel nur für wenige Wochen im Jahr. Er blickte den Hang hinunter auf das Meer. Die Nordsee war heute dunkelblau – vielleicht preußischblau – mit silbrig weißen Wellen. Er wollte schnell eine Skizze machen. Bald würde der Himmel sich wieder zuziehen und das Wasser die Farbe flüssigen Bleis annehmen.

Ivin kam herein. Sie hatte weiße Stores und braune Seitenschals genäht. Robert müsse die Vorhangschienen oberhalb der Alurahmen anbringen. SOFORT.
„Ivin, ich will keine Stores, sonst sehe ich das Meer nicht."
„Du kannst sie ja zurückziehen."
„Aber dann brauchen wir sie doch gar nicht erst aufhängen."
Trotzdem stieg er mit der Bohrmaschine auf die Leiter. Die Räume waren über drei Meter hoch und die Decke aus solidem Beton. Er brach den Bohrer ab. „Siehst du, es klappt nicht."
„Aber wie sieht denn das aus, diese Fenster sind viel größer als die alten. Die sind wie riesige Löcher." In Ivins Stimme das bekannte VIBRIEREN. Die Stores endeten in scheußlichen Rüschen, Falten und Stoffwülsten. „Und wenn die Sonne dich stört, kannst du die braunen Vorhänge zuziehen. Dann blendet sie dich nicht."
Das Braun der Vorhänge war ein VanDyck-Braun. Nicht schwarz, nicht braun. Nie würde er diese Farbe für eines seiner Bilder nehmen. „Ivin, ich habe keinen Stahlbohrer mehr, ich krieg die Dübel für die Vorhangschienen nicht rein."
Ivin sah ihn von unten an, in den Händen der üppige Fensterstore. „Ich habe das alles nur für dich gemacht."
„Nein, du hast die Vorhänge für dich selbst genäht."
„Was kostet es dich, wenn du EINMAL meine Arbeit würdigst? EINMAL zu schätzen weißt, wie viel Mühe ich mir

gegeben habe?"
Jetzt weinte sie tatsächlich.
„Wie machst du es, auf Befehl derartige Mengen an Hormonen zu produzieren, dass sie dir aus den Augen laufen?"
Die Tränen versiegten augenblicklich.
Ivin entledigte sich des Stores und stellte sich breitbeinig hin, das Gewicht gleichmäßig auf beide Füße verteilt. Wippte leicht. Ihre Hände lagen auf der Leiter. „Jetzt sag bloß, dass es dir nicht gefällt, was ich aus unserem Haus gemacht habe. Sag, gefällt es dir bei mir nicht mehr? Du brauchst es nur zu sagen."
Er erschrak. „Ivin, nein, so habe ich das doch nicht gemeint."
„Ach, wie hast du es denn gemeint?" Ihre Oberarmmuskeln traten hervor.
„Es ist doch mein Atelier, da kommt nur Farbe an die schönen Vorhänge." Er versuchte, möglichst unauffällig den Fuß auf eine tiefere Sprosse zu stellen.
„Dann passt du eben ein bisschen auf." Ivin ließ die Leiter nicht los.
„Ach Ivin, wenn ich gewusst hätte, wie viel dir diese Stores bedeuten." Er angelte mit dem anderen Fuß nach der nächsten Stufe.
„Weißt du was, du hättest dir einfach nur deine blöde Bemerkung sparen können." Sie gab der Leiter einen kräftigen Stoß und brachte sie aus dem Gleichgewicht. Er konnte sich nirgendwo festhalten und stürzte mitsamt dem Gestell zu Boden, schlug dabei mit dem Kopf an die Schreibtischkante.
Blut rann ihm in die Augen. Viel Blut.
Er versuchte, es mit den Händen wegzuwischen, aber es lief immer neues nach. Halb blind richtete er sich auf und tastete nach einem Stück Tuch, um es auf die Wunde zu pressen. Bekam den Store zu fassen.
„Du blutest wie eine abgestochene Sau. Du versaust ja den ganzen Vorhang." Ivin verließ das Zimmer und schlug die Tür hinter sich zu.

„Papa, ist Mama verrückt?“, fragte Eva, als sie eines Abends allein in der Küche waren. Sie stand direkt vor ihm. Robert starrte sie an. Ihr dünner Körper steckte in einem weiten geblümten Kleid. Die Beine glichen zwei Holzstecken, man hätte meinen können, jeder Windstoß könne sie knicken. Ihre braunen Zöpfe krochen wie Ringelnattern hinter den Ohren hervor und schmiegten sich an den Hals. Die Zähne waren immer noch viel zu groß für das schmale Gesicht. Sein kleines Mädchen!

Er lächelte, aber sie lächelte nicht zurück.

In ihren Augen stand weiterhin diese Frage.

Seine Tochter war erst DREIZEHN Jahre alt und zweifelte an der geistigen Gesundheit ihrer Mutter. Was sollte er bloß antworten? „Was fällt dir eigentlich ein, so von ihr zu reden?“, fuhr er sie an.

Die nächsten zwei Wochen setzte Eva sich jeden Tag zu ihm ins Atelier und beobachtete ihn. Er hielt sich den Spiegel vors Gesicht und malte Tag für Tag, wie sich Schorf auf der Stirnwunde bildete, dann abfiel und darunter die rosige neue Haut zum Vorschein kam, wie die Narbe zu einem erst roten und dann hellen Strich wurde.

Sie blätterte die Skizzen durch. „Normal ist das nicht.“

„Was meinst du?“, fragte er.

„Bei den anderen Müttern weiß man immer, was los ist.“

„Und bei Mama nicht?“

„Nein, wenn ich von der Schule nach Hause komme, sitzt sie entweder da und heult. Oder sie trällert vor sich hin und kocht das Mittagessen.“

„Sagt sie, warum sie weint?“

„Nicht genau. Sie ist nur traurig und sagt, wir wären an allem schuld. Unheimlicher ist es, wenn sie singt.“

„Aber sie tut dir doch nichts, oder?“

In den Tagen darauf beobachtete er seine Tochter. Sie verzog sich oft in ihr Zimmer.

„Das ist normal in diesem Alter. Sie ist in der Pubertät“, sagte

Ivin.
Er nickte, Eva war ja ansonsten ein sehr vernünftiges Mädchen.
„Ich bin immer für sie da", sagte Ivin.
Später hörte er seine beiden Frauen in der Küche streiten. Ivins Stimme SCHRILL, Eva weinte. Er konnte nicht genau verstehen, worum es ging. Es war aber auch unerheblich. Er würde sich hüten, zwischen die Fronten zu geraten.
Plötzlich stürmte Ivin in sein Atelier. „Eva will weglaufen! So tu doch was."
Sie schubste ihn zur Haustür. Er sah seine Tochter die Straße entlang rennen. „Eva, warte! Wo willst du denn hin?"
Erst an der nächsten Straßenkreuzung holte er sie ein und hielt sie fest.
„Eva?"
Seine Kleine schluchzte und rang nach Luft.
Er schüttelte sie: „Kind!" Sie beruhigte sich soweit, dass sie antworten konnte. „Ich will nicht mehr heim, nie mehr."
„Das kannst du deiner Mutter nicht antun", sagte er, packte ihren dünnen Arm und zerrte sie hinter sich her.

Eva zog in den Keller. Da war es dunkel, roch muffig und keiner sonst ging gern hinunter. Ihr Zimmer war sehr klein, nur Bett, Stuhl und Schreibtisch passten hinein. Das einzige Fenster mündete in einen Kellerschacht. Wenn man nah heranging und den Kopf weit in den Nacken legte, sah man den Himmel durch das Gitter der Schachtabdeckung.

Am Abend ihres vierzehnten Geburtstages kamen die Nachbarn mit ihrer Tochter zum Grillen.
„Wisst ihr, wie ich das mit den Spinnen mache? Ich habe die Wände hellgelb gestrichen, darauf sieht man sie besonders gut. Dann nehme ich mir ein Glas und ein Schulheft, stülpe das Glas auf den Krabbler, schiebe das Heft zwischen Wand und Glas und trage ihn raus. Ich könnte schwören, dass Tag

für Tag immer derselbe über meinem Bett saß. Habe mir schon überlegt, ihn mit etwas Nagellack zu markieren, um das zu prüfen", erzählte Eva.

„Wo ist denn dein Zimmer?", fragte die Nachbarin.

„Im Keller."

Eine kleine Pause entstand, die Aufmerksamkeit der Gäste war fast körperlich spürbar.

„Du bist ja ekelhaft. Solche Geschichten interessieren doch keinen Menschen", sagte Ivin.

„Warum wohnst du im Keller? Ihr habt doch ein Riesenhaus?"

„Weil ich mich im Keller sicher fühle."

Ivin machte eine abwehrende Bewegung mit der Hand, aber Eva ließ sich nicht stoppen. „Jedenfalls habe ich die Spinne dann eines Tages wieder gefangen, bin ums Haus herumgegangen und habe sie dort freigelassen. Dann kam sie nicht mehr, ich glaube, sie hat den Rückweg nicht mehr gefunden."

Keiner sagte etwas.

„Ich habe lange auf sie gewartet. Es hat mir leidgetan, dass sie nicht wiedergekommen ist."

Ivin stand abrupt auf und begann, das Geschirr in die Küche zu tragen. Der Geburtstag war beendet. Eva sagte nichts, zuckte nur mit den Schultern.

„Sie ist freiwillig in den Keller gezogen, wir konnten sie nicht abhalten", sagte Robert lahm. Die Gäste verabschiedeten sich.

Ivin weinte laut in der Küche.

„Warum hast du das verraten? Das ist so peinlich", fuhr Robert seine Tochter an, kaum dass die Haustür hinter den Nachbarn ins Schloss gefallen war. „Schämst du dich nicht?" Er hob die Hand, als wolle er sie schlagen, ließ sie dann aber fallen.

Eva rannte in ihr Zimmer und verschloss die Tür.

Im folgenden Schuljahr kam Eva auf eigenen Wunsch ins Internat. Die Ferien verbrachte sie seither bei den Großeltern, später bei ihren Freundinnen.

FAMILIENGESCHICHTEN, BEZIEHUNGEN

LIEBE ELTERN, FRÜHER HABE ICH EUCH DOCH GELIEBT, 2019

KLEINFAMILIE, UNZERTRENNLICH, 2018

DREI SCHWESTERN, DAMALS WAREN WIR BLUMENKINDER, 2020

KONFLIKT, 2013

DREI, EINE(R) ZUVIEL, 2009

Drei Krähen

Beim Zusammenprall warmer Meeresluft mit arktischer Kälte bildeten sich fern im Westen kräftige Winde. Während ihres langen Weges über Land türmten sie riesige Dunstgebilde auf, die nun wie haushohe Öltanker durch den Himmel pflügen. Hie und da springen kleine Wolkenfische vor ihnen hoch oder schlagen in ihrem Kielwasser Kapriolen. Beim Eintauchen ins Gebrodel werfen sie Gischt auf, die an den mächtigen Schwaden vorübertreibt oder vor ihnen herfliegt. Der Himmel ist voller Eilen und Drängen.

Böen fegen auch über den Parkplatz des Einkaufszentrums. Die Autos auf dem Platz, graue, schwarze, silberne, vereinzelt auch farbige Blech- und Plastikgebilde halten stand, verharren festgefügt auf ihren Plätzen. Der Wind quetscht sich durch die schmalen Gassen zwischen ihnen hindurch, wirbelt an blicklosen Schweinwerfern vorbei, fährt über gerundete Kleinwägen und ausladende SUVs, ohne das Geringste auszurichten. Kein Zittern, kein Schlagen loser Bleche.

Drei Krähen halten sich mit fingergliedrigen Schwingen an den Luftströmen fest, lassen sich von ihnen senkrecht in die Höhe katapultieren, um dann nach rechts oder links wegzukippen und im Sturzflug nach unten zu rasen. Dabei behalten sie ihre Konkurrenten fest im Blick, um ihnen im geeigneten Moment in die Seiten zu fahren oder von oben auf ihre Köpfe nieder zu stoßen. Sie krächzen und schreien, doch das Tosen um sie herum nimmt die Töne mit sich fort.

Eine Zeitlang ist unentschieden, wer Angreifer und wer Opfer ist. Dann verbünden sich zwei von ihnen. In fast synchroner Bewegung lassen sie sich nach oben tragen, segeln mit weit ausgebreiteten Schwingen quer zur Strömung, kippen zur Seite und schießen mit hoher Geschwindigkeit auf die Dritte zu. Diese schlägt mehrere Haken, kann aber nicht entkommen. Im Kampfgemenge setzen scharfe Schnäbel blutige Wunden, ausgerissene Federn sinken zu Boden. Die Bedrängte versucht, mit großer Kraftanstrengung wild flatternd, wieder Luft unter die Flügel zu bekommen. Doch ihre Feinde halten den Raum über ihr besetzt und so muss sie, nur knapp über dem Boden segelnd, zwischen den Autos hindurch das Weite suchen.

VÖGEL - STILLE ZEUGEN

DREI VÖGEL, 2020

IKARUS, VERRENKT UND ABGEBRANNT, 2011

WORK-LIFE-BALANCE, 2018

Drei Männer

Der Morgen schiebt ein Murmeln vor sich her. Die Färbungen der Vokale, die Satzmelodien sind Marietta vertraut. Für kurze Zeit - sie muss genau hinhören - werden die Geräusche zu identifizierbaren Wörtern. Einzelne Bemerkungen fliegen wie kleine Vögel hin und her. Dann verschliefen sie wieder zu Lauten, laufen ineinander und vergehen.
Jeden Morgen um halb neun passieren drei Männer Mariettas Fenster, das im Erdgeschoss zur Straße hin liegt.
Sie nimmt an, dass die Drei zur Arbeit gehen.

Wie immer hat ihr Mann bereits vor über einer Stunde die Wohnung verlassen, ist geschäftig und glatt hinausgeglitten. Der Geruch seines neuen After Shaves schwebt immer noch im Raum. Zuviel, zu aufdringlich, zu lange. Sie hat es ihm nicht gekauft. Sie reißt die Läden auf, zieht aber den Store davor.
Die Männer gehen vorbei. Die Gardine - sie besteht aus einem Stoffgitter mit vereinzelten Blumenranken - bewegt sich leicht. Die Gesichter der Männer sind in kleine Karos unterteilt, dem einen sitzt kurze Zeit eine Blume auf Mund und Nase, dem anderen quert eine Ranke die Stirn. Die Männer schauen nicht zu ihr hin. Hinter dem Stoff verborgen steht Marietta bewegungslos.

In ihrem bisherigen Leben wurde nicht mehr von Marietta verlangt, als sich standesgemäß zu vermählen und einen Ehevertrag abzuschließen, der sicherstellt, dass bei einer Scheidung dem Exgatten nichts vom stattlichen Familienvermögen zufallen werde.

Noch nie arbeitete sie außerhalb des Hauses. Nicht einmal als Schülerin nahm sie einen Aushilfsjob an, um sich etwas zu ihrem Taschengeld hinzuzuverdienen. Sie wusste nicht, wofür sie das Geld ausgeben sollte. Ihr fehlte nichts. Keine Wünsche. Von dem, was das Universum für einen Teenager bereithielt, hatte sie keine Vorstellung. Auch vom Universum nicht.

Die Arbeitswelt ist für Marietta ein Ort, der Männer morgens einsaugt und sie abends wieder ausspuckt. Im Wesentlichen besteht diese Welt aus der Maschinenbaufirma ihres Vaters.
Sie stellt sich die Chefetage als eine frei schwebende Plattform knapp unter dem Fabrikdach vor. Von dort blickt ihr Gatte auf ein Heer rußgeschwärzter Männer hinunter, die tief unten verschiedenen nicht näher nachvollziehbaren Tätigkeiten nachgehen. Es herrscht ohrenbetäubender Lärm. An riesigen Maschinen wimmern Laufbänder, kreischen Räder, stampfen Kolben. Metall wird in Form gequetscht, behauen und fällt mit einem Klirren zu Boden.
Marietta schließt aus der nachlässigen Kleidung der drei morgendlichen Passanten, dass sie unten in der Halle arbeiten und zum Bodensatz der Firma gehören. Sie müssen ihren Kopf weit in den Nacken legen, um zu ihrem Gatten hochzuschauen.
Einer von ihnen überragt die anderen beiden um Hauptes länge und sieht auf sie hinunter. Redet laut und schnell. Stakkatogewitter. Wörter schlagen ein. Ein Anführer der Bodennahen. Er geht breitbeinig, wiegt sich in den Hüften. Sie kennt diesen Gang aus Cowboyfilmen. Am Ende der Straße – hinter der Hausecke, sodass sie nichts sehen kann – lauert sein Gegner. Dieser verfehlt ihn und wird dafür mit dem Tod bestraft. Wegen des Straßenlärms kann sie das Knallen der Schüsse nicht hören.
Die Männer betreten die Fabrik durch ein riesiges Tor und

begeben sich zu den Umkleideräumen. Dort ziehen sie ihre Alltagskleidung aus und bleiben - nur mit einem Slip bekleidet - im Raum stehen. Ein Lichtstrahl fällt durch ein Fenster und zeichnet das Spiel ihrer Rückenmuskeln nach, wenn sie sich zum Spind vorbeugen, um die Schutzanzüge herauszuziehen.

Marietta geht in die Küche, um sich einen weiteren Kaffee einzuschenken. Er ist nur noch lauwarm. Sie brüht sich einen neuen. Das Morgenlicht erfasst die zwei Tassen auf dem Tisch. Dazu zwei Untertassen, zwei kleine Teller, zwei leere Eierbecher.
Sie nimmt eines der bunten flachen Gläser aus der Anrichte. Das blaue ist für den Eierlikör. Sie stellt die Flasche auf den Tisch und setzt sich, schenkt das Glas so voll, dass die gelbe Pampe sich nach oben wölbt, aber nicht über den Rand hinausfließt. Sie fährt mit der Zunge über die glatte Fläche, rollt die Spitze ein und nimmt den Eierlikör wie eine Katze auf, bis nur noch gelber Film den Boden des Glases bedeckt. Den schleckt sie auch weg. Im Mund ist es süß und klebrig.
Sie weiß, dass ein neues Rasierwasser auch eine neue Sekretärin und Geliebte bedeutet. Eine Marotte ihres Mannes. Manchmal mag sie den Duft, diesmal ist er ihr zuwider. Er trägt ihn erst seit kurzem. Bis auf die Geruchsbelästigung bedeutet sein Treiben außer Haus für sie keine Beeinträchtigung. Der eheliche Beischlaf am Wochenende ist so langweilig wie die Grundakkorde einer Klaviersonate. Die Ehefrau spielt er mit der linken Hand und die Geliebten mit der rechten, wie eine Partitur mit Bass- und Violinschlüssel.

Am Abend bringt er die neue Sekretärin mit nach Hause, wie Arbeit, die daheim erledigt werden muss.
Das ist noch nie passiert.
Marietta lässt sich nichts anmerken. Sie deckt den Abendbrottisch für drei, macht eine Dose mit Consommé warm,

rundet sie mit einem kräftigen Schuss Sherry ab und streut kleingeschnittene Frühlingszwiebeln darüber, bäckt ein Baguette im Ofen auf. Aus der Tiefkühltruhe fischt sie je eine Packung Vanilleeis und Himbeeren. Das Eis stellt sie in den Kühlschrank, damit es ein wenig, aber nicht zu sehr aufweicht und erwärmt die Früchte in einem Topf auf niedriger Temperatur. Aus dem geplanten einfachen Gericht: Schweinegeschnetzeltes in einer Pilzrahmsoße mit Nudeln und Endiviensalat, zaubert sie so ein Drei-Gänge-Menü. Drapiert zudem zwischen Oliven und Weintrauben je ein Stück Greyerzer, Manchego und Ziegenkäse auf einem Brett zum Abschluss des Mahls. Käse schließt den Magen.
„Die Neue heißt Adelheid“, sagt ihr Mann.

Die junge Frau, ein sehr dünnes, verhuschtes Geschöpf, bringt vor lauter Nervosität kein Wort heraus. Die Konversation zu Tisch wird daher in vertrauter, die Contenance wahrender Art von den Eheleuten geführt. Als alles aufgegessen und ein paar Obstler geleert sind, hebt sie die Tafel auf. Adelheid bietet ihr an, bei der Küchenarbeit behilflich zu sein. Sie winkt ab.
„Geht Ihr Zwei nur ins Bett. Ich mach´ das schon.“
Der Mann legt Adelheid den Arm um die Schulter und schiebt seine Hand in ihren Ausschnitt. Sie sieht ihnen zu.
„Viel ist nicht an ihr dran“, sagt Marietta.
Er schleppt Adelheid zur Tür und zwinkert Marietta zu, zerrt seine Beute die Treppe hoch und ins Schlafzimmer.

Marietta zieht sich in ihren eigenen Raum zurück und schläft sofort ein. Im Traum betritt sie die Stoff-und Tuchabteilung im Erdgeschoß des KaDeWes[1]. Dunkelbrauner Brokat liegt schwer wie Schokolade auf den Verkaufstischen. Daneben scharlachroter Samt und silbern schimmernde Seide mit eingewebten Kranichen, die sich fortwährend aus dem Untergrund lösen und wie Mottenschwärme aufsteigen, die

dreigeschossigen kristallenen Lüster umflattern, höher steigen, immer höher und schließlich mit ihren Flügeln und ausgestreckten Köpfen an die Decke prallen. Dabei stoßen sie seltsam klagende Schreie aus. Endlich finden sie die Aussparung in der Decke, durch die die Rolltreppe in den nächsthöheren Stock führt und schwingen sich empor und hindurch.
Dort lagern in blitzenden Glasvitrinen Fläschchen auf troddelverzierten Kissen, ruhen Amphoren in Holzschreinen, balancieren Flakons auf seltsam aufgetürmten Kristallquadern. Die Stöpsel dieser Behälter sind aus blauem und tiefrotem Glas, alle in der Form kleiner und großer Vögel. Der Größte, eine Harpyie, fliegt auf und ein zunächst betäubend wohlriechender, dann aber aasiger Geruch kriecht aus der Duftflasche entlang der Vitrine zu Boden, breitet sich aus, flutet die Etage und füllt den Raum wie Wasser, das in ein Bassin gelassen wird. Marietta weiß, dass der Gestank ihr, kaum hat er ihren Mund erreicht, den Atem nehmen wird und hastet zur Treppe, an den Wandspiegeln entlang, in denen sich das Glitzern und Funkeln der Gläser und Fläschchen zu schwachem Schimmer trüben. Schließlich steht sie in einer Metzgerei vor langen Kühltheken mit rotem und bräunlichem Fleisch. Löwenschnitzel, Antilopen- und Kudusteaks, Känguru-, Elefanten- und Krokodilbraten, gelbliches Gänsefett und eierschalenfarbene Schweineschwarte werden angeboten. Das Fleisch der Raubtiere liegt auf dem der Beute.

Am Morgen deckt Marietta den Frühstückstisch: Drei Gedecke. Das dritte bleibt unberührt. Ihr Mann zuckt mit den Schultern. „Das Vögelchen ist ganz in der Früh′ davongeflattert."
Beide lachen, essen Brötchen und Eier. Er bricht auf und lässt ihr den Geruch des After Shaves zurück.

Sie geht ins Bad. Das Wasser rinnt über ihren Körper. Sie sieht den Schlieren zu, die sich an der gläsernen Duschwand auffächern und den Wasserringen, die sich um den Abfluss herum bilden. Der Raum umgibt sie mit Wänden aus Dampf. Der Spiegel blind, der Körper nass und frierend, bis sie ihn, dabei das Handtuch wie eine Säge hin- und her führend, trocknet. Sie reibt sich mit Körperlotion ein, dabei keine Stelle auslassend. Hinter die Ohren tupft sie ein paar Tropfen Parfum, zwischen den Brüsten und auf die Innenseiten der Schenkel verteilt sie kleine Spritzer. Mit dem Zeigefinger säubert sie die Nasenlöcher von innen und schnäuzt kräftig in ein Kleenex. Die Fingernägel kratzt sie mit einer Schere aus. Die Haare werden glänzend gekämmt, bis sie sich, leicht elektrisch aufgeladen, an Hals und Brüste schmiegen. Die Augen werden mit einem zarten Lidstrich, der das Grün der Iris zum Strahlen bringt betont.

Sie legt nur wenig Wimperntusche auf.

Schließlich wirft sie einen seidenen Kimono über, auf dem weiße Reiher über Felsklippen voller verkrüppelter Kiefern hinweg auf einen schneebedeckten Berg zufliegen.

Sie öffnet das Fenster zur Straße und ein anderes im gegenüberliegenden Raum, ebenso die Zimmertüren dazwischen, sodass ein kräftiger Luftzug entsteht. Sie zieht den Store nur zur Hälfte davor, damit er im Wind wehen kann. Sie stellt sich neben die Gardine, die sich im Durchzug wölbt, wie eine wütender, ungebärdiger Vogel flattert, jäh zur Seite fällt und die Sicht in den Raum vollends frei gibt. Als sie die Männer kommen hört, lässt sie den Kimono zu Boden gleiten.

[1] Ka de We: Kaufhaus des Westens. Luxuriöses Kaufhaus am Tauentzien in (West)berlin. Das Kaufhaus hatte in den 1980ger Jahren eine grosse Stoff- und Tuchabteilung im Erdgeschoss.

Drei Spiegelbilder

In der Stadt eröffnete vor ein paar Wochen das "Spiegelcafé". Schon auf den ersten Blick merkte man, dass es keine normale Kaffeestube war. Das lag zum einen daran, dass am Eingang ein Mann vom Sicherheitsdienst die Eintretenden nach Waffen durchsuchte und sämtliche Taschen in Schließfächern deponiert werden mussten. Zum anderen hatte es ein Konzept, das keiner kannte und das sich nicht auf den ersten Blick erschloss. Es dauerte ein wenig, bis sich die Ersten hineinwagten. Doch die Gäste, die sich auf das neue Spiel wirklich einließen, kamen immer wieder und erzählten es ihren Freunden und Verwandten. Dank der Mundpropaganda ist das Lokal mittlerweile gut besucht.

Auf den ersten Blick hat es etwas von einer Theatergarderobe an sich. In einem großen Raum sind ringsherum an den Wänden achtzig mal achtzig Zentimeter messende Spiegel angebracht, jeder in einem anderen Rahmen und von unzähligen Lämpchen umrandet, die ein helles - aber nicht grelles - Licht werfen. Darunter lehnt jeweils ein halbrundes Tischchen an der Wand, davor steht ein Stuhl. Erst auf den zweiten Blick sieht man, dass in einem Abstand von zirka zehn Zentimetern vor jedem Spiegel eine durchsichtige Plexiglasscheibe angebracht worden ist.
In der Mitte des Raumes befindet sich die Bar mit umlaufender Theke. Ein Barkeeper bedient die Gäste, die auf einen Platz an den Spiegeln warten oder sich von einer Session erholen müssen. Erstere trinken meist Kaffee oder einen schnellen Espresso, letztere ordern zum Teil harte Drinks. Erika erklimmt einen Barhocker und sieht den anderen zu.

Ein Herr in Businesskleidung stürmt ins Café und winkt den Kellner herbei, der auch die Menschen an den Tischchen bedient.
„Mein Platz?!"
„Alles steht für Sie bereit. Dasselbe wie immer?"
„Aber pronto!"
Er setzt sich, rückt den Knoten seiner Krawatte zurecht und öffnet den Mund. Erika sieht seine Zähne im Spiegel. Nicht alle sind gleichmäßig, zwei stehen schief. Bisse er damit zu, würde nicht auf sämtliche Stellen gleichmäßiger Druck ausgeübt werden. Dort, wo sie in einem etwas größeren Winkel auf das Opfer träfen, wäre eine gewisse Schwäche des Beißens und Zerreißens zu konstatieren. Das scheint ihn zu beunruhigen, denn er öffnet und schließt mehrmals den Mund und zieht die Lippen zurück, als ob er nicht glauben wolle, was er dort sieht.
Bei jedem Aufklappen der Kiefer vergrößert sich sein Gebiss; immer mehr Zähne, sowohl gerade als auch schiefe wachsen heran und bohren sich in einen Arm oder ein Bein - genau ist es nicht zu erkennen. Der Hautbeschaffenheit nach scheint es sich um ein menschliches Gliedmaß zu handeln.
Endlich gibt der Mann seine Beute frei. Die Wunde weist eine eigentümliche Form auf, eine äußere Reihe Zahnkanten und eine innere wie bei einem Haibiss.

„Ist es nicht sehr indiskret, wenn alle zusehen können?", fragt Erika den Kellner, der sich in seiner Ruhepause neben ihr an die Theke lehnt.
„Es gibt Paravents, die könnten sie um sich herum aufbauen. Aber die will keiner."
„Wenn nun jemand einen Mord verheimlichen müsste?"
„So konkret bilden die Spiegel die Realität nicht ab, als dass man Tathinweise ableiten könnte."
„Zeigen die Spiegel denn immer die Wahrheit?"
„Das ist ein imposanter Begriff für eine sehr flüchtige Sache."

Bei einem abendlichen Spaziergang an einem der folgenden Tage entdeckt Erika ihren Exfreund Markus im Café. Er sitzt, halb hinter einer jungen Frau verborgen, an einem Tischchen auf der linken Seite. Sie beobachtet beide durch das Schaufenster. Markus Sitznachbarin bewegt ihre Hüften leicht hin und her und rutscht ein wenig auf dem Stuhl herum, lehnt sich nach vorne und presst ihre Scham gegen die Sitzfläche. Erika kann nicht sehen, was der Spiegel ihr zeigt, aber es muss sehr erotisch sein. Der Kellner grinst ihr zu. Daraufhin setzt sich die Ertappte gerade hin und schlägt die Beine übereinander. Doch nicht lange und sie streicht mit der Hand über ihren Hals, lässt den Mittelfinger an ihrem Schlüsselbein entlang zum Grübchen in der Mitte gleiten, folgt dem Brustbein hinab in die Tiefe, hält auf den Ansätzen der Brüste inne, der Daumen fährt den Träger des BHs entlang und folgt der Linie ihres Ausschnittes. Ihr Gesicht, vom Widerschein des Spiegels erfasst, leuchtet kräftig pink.

Erika tritt ein und bleibt auf der anderen Seite der Bar, so dass Markus sie nur schwer entdecken kann. Sie hingegen hat von ihrem Platz an der Theke freie Sicht auf ihn und seinen Spiegel.

Von der Seite fällt das pinkfarbene Licht auf einen überaus aufwändig gearbeiteten Rahmen. Rotgoldene Verzierungen leuchten auf, darunter schimmert rosa-silbriger Grund, Lichtreflexe verfangen sich in wildem Geschnörkel - ohne Zweifel der prächtigste Spiegel im ganzen Raum. Dann verblasst der rötliche Schein. Das Grün edler Intarsien leuchtet auf, ein mit dunklen Adern durchzogenes Chromoxydgrün, die Farbe der russischen Zaren.

Die Erregtheit, die von der Sitznachbarin zu Markus herübergeschwabbt war, lässt nach, seine Schultern sacken nach unten, der Rücken rundet sich. Der Rahmen hingegen bläht sich auf und wächst unaufhörlich von außen nach innen. Leiste um Leiste wird hinzugefügt, schwarzer Onyx auf gol-

denem Grund, bunte Verzierungen aus feingliedrigem Emaille, eine Reihe Perlen windet sich um das Geviert. In dem Maße, in dem die Umrandung prächtiger und bunter wird, schrumpft Markus Gesicht. Zuerst hat es die Größe einer Zuckermelone, dann einer Orange, zuletzt ist es kleiner als eine Zitrone. Um ihn herum wuchert es immer weiter in die Mitte hinein, bis Gold und Geschmeide den gesamten Spiegel bedecken. Sein Konterfei ziert nun eine Kameé in der Größe eines fetten Käfers und auch dieser schrumpft zu einem gewöhnlichen Pickel.
Wie erbärmlich! Erika schämt sich für ihn; unmöglich, ihm jetzt in die Augen zu sehen. Sie legt das Geld für ihr Getränk auf die Theke und schleicht hinaus.

Ein paar Tage später ist die Stimmung im Café trübe, das Licht ist heruntergedimmt, die Farben sind verhalten. Ein Mann versucht, sein Spiegelbild zu zerschlagen, scheitert aber an der Plexiglasscheibe.
Erika fasst sich ein Herz und setzt sich an ein freies Tischchen, ordert einen Tee und betrachtet sich nun selbst im Spiegel. Sie wirkt darin energischer als sonst; das Kinn scheint ausgeprägter, die Nase länger. Sie ist ein Mann.
Ihren kahlen Kopf umgibt ein Gewirr glänzender Metallschnüre. Silberdraht ist fest um den Kopf gewunden. Er schneidet knapp oberhalb ihrer Augenbrauen in die Stirn und scheint an vielen Stellen in ihr Fleisch eingewachsen zu sein. An der Seite hängen lose Enden herunter, die sie ineinander verdrillt und so den Draht noch fester anzieht. Ein paar Blutstropfen quellen aus der Schnittstelle oberhalb der Brauen und laufen ihr in die Augen. Sie wischt sie weg, verspürt aber keinen Schmerz.
Hinter ihr erhebt sich ein dunkler Fichtenwald. Die Bäume wachsen dicht nebeneinander, ihre Kronen sind so ineinander verwoben, dass kein Lichtstrahl hindurchdringt. Die Äste darunter sind abgestorben und ragen stachelig ins Dunkle.

Die im bodennahen Teil völlig kahlen Stämme stehen in Reih und Glied. Außer ihnen wächst hier nichts. Kein Gebüsch wird dem Harvester im Weg stehen, kein Kraut kann sich durch die dicke Schicht brauner Fichtennadeln kämpfen. Zwischen den Baumreihen sind kleine Gräben angelegt, offenbar Abflussrinnen. Eine dicke weiße Linie ist entlang einer Vertiefung gezogen, offenbar eine Grenze zwischen zwei Gebieten oder zwei Ländern oder einfach nur zwischen „hier" und „dort".

Ein Windstoß fährt in die Kronen, weit oben schwingen die noch grünen Äste wild hin und her. Unten am Boden ist kein Hauch zu spüren. Die Stämme rühren sich nicht. Nur ein Fuchs taucht zwischen ihnen auf. Er schnürt den Graben entlang und läuft geradewegs auf sie zu, baut sich vor ihr auf und mustert sie mit seinen glänzenden, weit auseinanderstehenden Knopfaugen. Er wird zu ihrem Abbild, unter dunklen Nasenlöchern ein leicht geöffneter Mund mit spitzen Zähnen, das fliehende Kinn.

„Füchse sind ja oft Grenzgänger", sagt der Kellner, der ihr den Tee bringt.

„Welche Grenze? Was soll das Ganze? Bin ich Mann, Frau, Wald, Tier oder irgend ´was dazwischen?"

„Wahrscheinlich alles zusammen."

„Das ist sehr verwirrend."

„Dabei können Sie noch froh sein. Wenn ich in den Spiegel schaue, sehe ich nur einen 'Blob'."

„Einen Schleimpilz?"

„Ja."

Der Kellner lächelt sie an. Er gefällt ihr.

Norbert, Ilse und IKEA

Norbert durchmaß mit weiten Schritten den Wirtsraum, zog wie ein Komet seine leuchtende Bahn und hinterließ schwarze Leere in Ilses Herz. Auch wenn er nur für wenige Minuten auf die Toilette ging, vermisste sie ihn und wartete sehnsüchtig auf seine Wiederkehr.
Norbert war schön! Sein Gesicht war kantig, die Schultern breit, die Hüften schmal, die Muskeln an seinen Unterarmen kräftig entwickelt und seine Hände wirkten stark und zupackend. Er würde Ilse durch ein langes glückliches Leben tragen, da war sie sich sicher. Seit er sie um ihre Hand gebeten hatte, lag um seinen Mund ein Zug von Entschlossenheit, der ihr überwältigend männlich vorkam und in ihr zugleich ein Gefühl unbeschreiblicher Weiblichkeit hervorrief. Kein Zweifel, Norbert und sie waren füreinander bestimmt. Welch Glück, dass sie sich gefunden hatten.

Ihr Nest musste nur noch gepolstert werden. Nach dem kurzen Imbiss in der IKEA Kantine würden sie einen Schaukelstuhl und einen Schuhschrank kaufen.
Händchenhaltend durchstreiften sie die verschlungenen Wege des Möbelhauses. Norbert suchte die Möbel aus und untermauerte seine Wahl mit klugen, fachmännischen Argumenten. Ilse hauchte zärtliches Einverständnis.
In den Regalen der Selbstbedienungshalle fanden sie schließlich die gesuchten Waren. Als Norbert die schweren Kartons auf ihren Wagen lud, mischte sich in die Wolke aus IKEA-Duftkerzenparfum, Holz und Staub sein kräftiger Schweißdunst. Alles zusammen bildete einen Geruchstsunami, der Il-

se miriss. Wollüstig schnuppernd schmiegte sie sich eng an ihren Bräutigam.
„Liebling, lass mich doch das Paket in den Wagen legen! Liebling, nein, nicht hier – nicht vor den Leuten! Warte doch, bis wir zuhause...! Ach Schatz!“, wehrte Norbert mit gespieltem Entsetzen sein brünstiges Weibchen ab.

PÖANG

Zuhause machte sich Norbert an den Zusammenbau des Schaukelstuhls POÄNG.
24 Schrauben, Nippel, Muttern, 11 Holzteile und ein Stoffstück mussten zusammengefügt werden. Die beigelegte Montageanleitung verzichtete vollständig auf erklärende Worte, sondern beschränkte sich auf 15 Bilder, die den Schaukelstuhl in den verschiedenen Stadien des Aufbaus zeigten. Norbert legte sie mit einem verächtlichen: „Ich bin doch kein Idiot!“ zur Seite.
Ilse nickte, sie war sich sicher, dass jeder 'richtige Mann' über angeborene handwerkliche Kenntnisse und ein tiefes Verständnis der mechanischen Wirkweise der Welt verfügt und Norbert war schießlich ein gestandener Kerl!
Ihr Verlobter verband die Quersprossen mit den Seitenleisten der Rückenlehne, zog die Schrauben so fest er eben konnte an, musste dann aber erkennen, dass einzelne Hölzer sich nicht der Biegung der Lehne fügten. In Höhe der Lendenwirbel würde sich ein unangenehmer Querwulst bilden. Da er die Schrauben ohne Werkzeug nicht mehr herausbekam, fuhr er in den Baumarkt, um sich einen Schraubendreher zu kaufen.
„Den brauchen wir ja sowieso,“ sagte Ilse und dachte an das Eigenheim am Stadtrand, das sie für sich und ihre Kinder erwerben würden und in dem immer etwas repariert werden müsste.

Eine Stunde später waren die hölzernen Teile des Schaukelstuhls wieder voneinander gelöst, doch leider war dabei eine Schraube verloren gegangen.
„Soll ich mal bei IKEA anrufen und nach einem Ersatz fragen?"
„Ach was, das klebe ich!" Norbert verschmierte eine größere Menge Holzleim auf der Leiste.

Die gebogenen Hölzer, die in die Laschen des Stoffes eingeführt, die Sitzfläche begrenzten, mussten wieder herausgeschoben und richtig herum eingefädelt werden. Bei den Kufen wurde rechts und links verwechselt, statt halblanger Schrauben wurden kurze verwendet, dafür passten große Metallstifte nicht in kleine Löcher.
Norbert fluchte, Ilse tätschelte seine zorngerötete Wange und fand ihren Verlobten süß. Als sie ihm tröstend über´s Haar streichen wollte, wehrte er die Geste mit heftiger Handbewegung ab: „Lass das!"
Ilse verzog sich schmollend ins Schlafzimmer. Norbert traf sich mit seinem Kumpel Alfons auf ein Bier in ihrer Stammkneipe.
Nachts versöhnte sich das Liebespaar wieder, doch beim ersten Schaukelversuch brach die geleimte Querleiste ab.

HEMNES

Der Schuhschrank HEMNES musste aus 130 Kleinteilen: Schrauben, Muttern, Holzpflöckchen und 34 größeren Holz- und Plastikelementen zusammengesetzt werden. Ein freundlich lächelndes Strichmännchen wies auf der zweiten Seite der Anleitung auf die Möglichkeit hin, bei IKEA zum Aufbau des Möbelstückes einen Experten anzufordern.
Norbert verzog das Gesicht, Ilse deutete seine Miene als verletzten Stolz und sagte nichts, bemächtigte sich aber der Broschüre, die auf 30 Seiten den Zusammenbau des Schrankes

zeichnerisch darlegte.
Doch schon bei der Entscheidung, ob Schrauben – es gab acht verschiedene Typen – oder Holzpflöckchen verwendet werden sollten, waren sie uneins.
„Schau genau hin!"
„Das ist nicht nötig."
„Doch!"
„Willst du mich bevormunden?"
„Hier sind jedenfalls Schrauben abgebildet und keine Holzstifte."
„Ich weiß doch wohl besser, welche man wozu braucht!"
„Ach ja?"
„Ach ja!"
„Weiß Du nicht!"
„Doch!"
Die Holzteile wiesen an vielen Stellen Bohrungen auf, in die bestimmte Schrauben und Holzpflöckchen passten. Norbert drückte die Pflöckchen in jedes ihm geeignet erscheinde Loch. Die Bretter konnten danach nicht zusammengefügt werden, nichts passte ineinander.
Norbert lief in den Keller und kam mit einer Beißzange zurück, zog unter lautem Schnaufen die fest sitzende Hölzchen wieder heraus.
„Das war wirklich völlig unnötig!"
„Was meinst du?"
„Wenn du auf mich gehört hättest, müssten wir jetzt nicht wieder von vorn anfangen."
„Ich baute schon Möbel zusammen, da hast du mit deinen Freundinnen noch mit Barbies gespielt, oder was ihr Mädchen sonst so Zeugs macht."
„Du bist neunzehn, also genau ein Jahr älter als ich. Wie viele Möbel kannst du schon zusammengebaut haben?"
„Jedenfalls mehr als du!"
„Ich habe außerdem nie mit Barbies gespielt!"
„Dann eben deine Fingernägel lackiert, mit denen ihr Weiber

nicht arbeiten könnt, weil ja einer abbrechen könnte und ihr in hysterisches Gekreisch ausbrechen müsstet!" Norberts Stimme schraubte sich ins Falsett: „Ach du liebe Güte, das ist ja furchtbar, hilfe, rettet mich aus großer Not!"
„Ich dachte immer, lackierte Fingernägel törnen dich an!"
„Blutrote Krallen? Wieso sollten sie?"
„Du hast gesagt, du findest das sexy!"
„Genauso sexy, wie das Zeug, dass du dir immer ins Gesicht schmierst!"
„Was?" Ilse starrte ihn an.

Norbert griff nach einem Vierkantholz in falscher Farbe und fügte es in den Rahmen ein. Die Vorderfront des Schuhschrankes würde nicht einheitlich weiß sondern grau weiß gewürfelt werden.
„Farbenblind auch noch!", sagte Ilse.
„Was heißt a u c h noch?"
„Na, sonst kriegst du ja offensichtlich auch nichts auf die Reihe!"
„Du kannst mich mal!" Norbert schmiss sein Werkzeug hin und verließ die Wohnung. Ilse warf sein Bettzeug auf das Sofa im Wohnzimmer und wartete die ganze Nacht vergebens auf das Geräusch seiner Schritte im Hausflur.

Der Schuhschrank wurde am nächsten Tag unter eisigem Schweigen fertiggestellt.
Norbert erschien Ilse nicht mehr so kompetent und männlich wie vorher und daher fühlte sie sich selbst auch nicht mehr zu 'unbeschreiblicher Weiblichkeit' verpflichtet. Sie verzichtete auf lackierte Fingernägel und Make up.
Norbert musste feststellen, dass er es nicht mit einer Naturschönheit zu tun hatte, die keines 'Aufhübschens' bedurfte, sondern mit einer normalen Frau, die sogar ein wenig fad wirkte und deren dominante Art ihn an seine Mutter erinnerte.

Der Schuhschrank, den sie entgegen der Anweisung nicht mit einem Dübel an der Wand befestigt hatten, kippte ein paar Tage später um und versperrte den Flur. Sie mussten umständlich über ihn hinüber steigen, doch keiner räumte ihn weg. Einen Monat später trennten sie sich und Norbert zog aus.

Dreisatz

Mit aller Kraft hatte Antonia die Mistgabel nach mir geworfen. Die Forke war mit den Zinken voran mindestens fünf Meter weit geflogen, hatte mich nur knapp verfehlt und sich neben mir in einen Strohballen gebohrt. Antonia riss sich das Kopftuch herunter, schüttelte ihre lange braune Mähne und schrie, dass sie die Schnauze von mir und dem Hof voll habe, dass sie dieses ewige frühe Aufstehen, die nie enden wollende Arbeit, die mangelnde Anerkennung, die Eintönigkeit des Landlebens und meine immer gleichbleibende behäbige Art satt hätte. Nur solch einfallslosen Langweilern wie mir würde bei derart penibler Hofbuchhaltung einer abgehen, nur solche Schisser wie ich würden sich bei jeder drohenden Investition ins Hemd machen und nur Schlappschwänze wie ich würden jedem Risiko von vornherein und meilenweit und jedes Mal aus dem Weg gehen, ach was gehen, wegrennen würde ich wie ein Hase und mich in die nächstbeste Ackerfurche ducken und da angstschlotternd bibbern und kleine Hasenköddel abseilen.

Bei dieser bildlichen Vorstellung musste ich unwillkürlich lachen, was ihren Zorn noch weiter anheitzte: Ich würde schon sehen, dass sie es diesmal ernst meine und ich sie nie, nie wieder sehen würde, denn sie hätte es nun wirklich nicht nötig, ihre besten Jahre mit einem primitven Landei wie mir zu vertun, der bei jedem Menschen auch den letzten Funken Eleganz und Lebensart wirksam abtötete, aber das würde ich bei ihr nicht schaffen, sie ließe sich von mir nicht ersticken, sie würde sich befreien von den Scheißrüben, dem öden Winterweizen, von Dung, Dünger und blödem Viehzeug und Ziegen hätte sie noch nie leiden können, vor denen hätte sie sogar eine Heidenangst wegen der komischen Augen und überhaupt wären die zwei Jahre mit mir ein einziger Alptraum gewesen, den sie nicht verdient hätte, nein, wirklich nicht, so etwas habe keine verdient, dass sie zur Strafe auf einem Kackbauernhof bleiben müsse und ihr Leben vertrödeln und wenn sie bedenke, dass das einzige kulturelle Highlight in diesen zwei Jahren der Besuch des Pferdemarktes gewesen sei, dann müsse sie jetzt noch über das Leben weinen, das sie mit mir hätte führen müssen, aber das sei jetzt vorbei, jetzt und endgültig und für alle Zeit!

Die Stille danach war tief, der Platz, an dem Antonia gestanden hatte, so leer wie eine vertrocknete Oase in einer menschenleeren Wüste. Ein paar Strohhalme lagen am Boden, darauf das blauweiße Kopftuch, wie ein letzter verlorener Windhauch schwang der Nachhall der vielen Worte im Raum, in meinen Ohren summte der tief verzweifelte Klang ihrer Stimme.
Sie tat mir so leid.
Sie war weg.
Sie kam nicht wieder.

Drei Monate sind seither vergangen und ich brauche eine neue Frau. Ein Speeddating in der nächsten Kreisstadt steht - wohl unter Anlehnung an die aktuelle Kuppelshow im Fernsehen - unter dem Motto „Bauer sucht Frau“. Mir wäre es lieber, wenn das Wort „Bauer“ durch „Agrarökonom“ und das Wort „Frau“ durch „Partnerin“, oder besser noch „kompetente Partnerin“ ersetzt werden würde, um die Auswahl von vornherein sinnvoll einzuschränken, aber dann würden vermutlich nicht viele Damen und der Veranstalter nicht auf seine Kosten kommen.

Das Event findet in dem heruntergekommenen Tanzsaal einer Gastwirtschaft statt. Im Vorraum an der Theke wird die

Teilnahmegebühr kassiert und das Prozedere erklärt: an neun Tischchen würden neun Frauen Platz nehmen. Die Herren müssten beim Klang einer Triangel immer einen Tisch weiterrücken. Drei Minuten hätten die Paare Zeit, sich einander vorzustellen. „Also überlegen Sie gut, was Sie sagen!“, brüllt der Veranstalter und lacht – aus welchem Grund auch immer – schallend. „Sie brauchen nicht mehr als drei Sekunden, um sich entweder riechen oder nicht riechen zu können. Was Sie danach tun, bleibt Ihnen überlassen, hahaha.“ Wieder viel zu lautes Gelächter, begleitet von anzüglichem Augenzwinkern, dann Bedauern. „Leider sind uns drei Herren abgesprungen. Die hatten wohl auf einmal Angst vor ihrer eigenen Courage, dabei haben wir so nette Damen dabei, da braucht sich doch keiner zu fürchten.“ Er neigt sich der neben ihm stehenden Blondine zu und tätschelt sie am Ellbogen. „Nicht wahr?“
Sie zieht den Arm weg: „Woher wollen Sie das wissen?“
Die Anwesenden lachen, der Veranstalter weicht einen Schritt zurück: „Na dann los. Holen Sie sich Ihre Getränke am Tresen, die Herren nehmen beim Weiterwandern ihr Glas immer mit.“

Tisch eins

„Griaß di“, vor mir sitzt eine nicht mehr ganz junge Frau mit einem flächigen, runden Gesicht. Ihre blauschwarz glänzenden Haare hat sie zu einem seitlichen Zopf geflochten, der weit hinunterreicht und hinter der Tischkante verschwindet. Ihre Nase ist ausgeprochen zierlich, die Augen schmal und mit schräger Lidfalte. Sie wirkt asiatisch, spricht aber mit unverkennbarem Oberpfälzer Dialekt. Ich denke an meine Urgroßmutter. Auch in meiner Familie gibt es ein paar Menschen mit „Mongolenaugen“, obwohl keiner von uns jemals in Asien war. Es ist wohl eher so, dass die Hunnen dereinst im bayerischen Wald viele genetische Spuren

hinterlassen haben.
„Griaß di, du schaugst aus wia mei Urgroßmutter", sage ich und könnte mir im selben Moment auf die Zunge beißen.
„Ich bin aber nicht deine Urgroßmutter."
„Also nicht so alt und schrumpelig. Meine Ur-Oma in jung."
„Das macht es nicht besser."
„Ich meine halt mit den Augen und so."
„Deine Urgroßmutter hat was an den Augen?"
„Nein, ich meine, die hat auch so Augen mit einer Mongolenfalte - so wie du."
„Das heißt jetzt Nasenlidfalte. Ich schätze aber, du willst damit sagen, dass ich einen asiatischen Touch habe. Stehst du auf Exoten? Tun ja viele Männer."
„Nein, überhaupt nicht, ich meine, mir ist egal, ob eine schwarz oder grün oder gelb ist."
„Ich bin nicht gelb. Ich komme aus dem bayerischen Wald, da ist keiner gelb."
„Nein ich meine nur, mir ist egal, ob eine Schlitzaugen hat oder Triefaugen."
„Was? Im Ernst? Triefaugen?"
„Nein, nein, du hast natürlich keine Triefaugen, sondern wunderschöne mandelförmige ..."
Bing, die Triangel – GottseiDank!

Tisch zwei

Mein Gegenüber trägt einen strengen Dutt, der ihre Gesichtshaut nach hinten und oben zieht – eine Art Lifting. Sie muss um die fünfzig sein. Über den Rand einer Lesebrille hinweg mustern mich zwei blassblaue Augen.
Lange.
Eingehend.
„Sie stehen also auf Asiatinnen, am besten noch Schulmädchen, ja?"

„Wie kommen Sie darauf?“
„Da weniger Herren als Damen anwesend sind und mich bisher keiner besucht hat, blieb mir nichts anderes übrig, als mitanzuhören, was so an den Nachbartischen geplaudert wird.“
„Ich hab doch nur gesagt, dass meine Urgroßmutter...“
„Womöglich stehen Sie auch noch auf gebrauchte Mädchenslips? Da hört man ja so einiges, gerade von den nicht mehr taufrischen, älteren Herren. Die kaufen den Mädchen ihre Schlüpfer ab.“
„Ich bin gerade mal dreißig.“
„Sag ich ja, da kommt Ihnen frisches Fleisch wohl gerade recht.“
„Also hören Sie mal, das habe ich wirklich nicht nötig. Außerdem - was soll ich denn mit den Unterhosen?“
„Den Duft der Weiblichkeit einatmen und genießen. Meine könnten Sie auch haben, wenn Sie wollen.“
Sie nestelt unter dem Tisch an ihrer Kleidung.
„Nein, um Gottes willen, tun Sie das nicht.“ Ich lange über den Tisch und lege meine Hand auf ihren Oberarm, stoße dabei ihr fast volles Weinglas um. Der Wein ergießt sich über den Tisch. Sie springt auf und der Rock, dessen Reißverschluss sie bereits geöffnet hat, rutscht herunter. „Oh, mein Gott!“ Sie zerrt ihn wieder nach oben und rennt raus. Alle Blicke sind auf mich gerichtet.
Das 'Bing' der Triangel will und will nicht ertönen.

Tisch drei

Vor mir sitzt ein Engel. Hellblonde, fast weiße Haare kräuseln sich zu allerliebsten Korkenzieherlöckchen beidseitig eines feinen Gesichtchens. Weißrosa schimmert die makellose Haut, wohlgeformt sind Kinn und Nase, hoch die klare Stirn. Aus dunkelblauen Kulleraugen trifft mich ein Blick,

über dem der Schleier der Kurzsichtigkeit liegt, was ihn nur noch tiefer, noch bodenloser macht und eine unbeschreibliche Süße der Versenkung verspricht.
Ein zartes „Hallo“ entfleucht den feuchtschwellenden, karminroten Lippen und taumelt wie ein Schmetterling zwischen uns hin und her. „Ich bin Isi“, flattert es hinterher.
„Olaf“, sage ich und bedauere heftig, dass meine Eltern mir keinen klangvolleren Namen gegeben haben, wie zum Beispiel d`Artagnon oder Aramis, einen Namen, der von vornherein klarstellte, dass ich zu ihrer Rettung auserkoren wäre und jederzeit dafür bereitstünde. Sie bräuchte nur ein Wort sagen oder einen hilfesuchenden Blick entsenden, den ich sofort auffangen, richtig deuten und sie aus den Klauen jedweden Ungeheuers befreien würde.
Ihre Rosenblütenlippen formen einen weiteren Satz, dessen Sinn ich nicht sofort erfassen kann, weil mir meine Gedanken wie ungezogene Hunde in alle Richtungen davon laufen.
„Bist du ein reicher Bauer?“, wiederholt sie.
Ja, reich an Mut und Kraft, die ich dir zu Füßen lege, so wie mein Leben und mein Dasein und meine Liebe. Reich an Hoffnung auf eine wundervolle Zukunft mit dir zauberhaftem Wesen, das jeden Engel an Schönheit und Anmut weit übertriffst. Reich an Vertrauen, Zuversicht und Glauben daran, mit dir zusammen immerwährend auf Wolken zu schweben und jegliche irdische Mühsal weit unter mir zu lassen.
All´ das geht mir durch den Kopf und ich würde es ihr gern sagen, traue mich aber nicht, stattdessen stammle ich nur alberne Zahlen: „Zweihundert Hektar, zehn Pferde, sechzig Ziegen.“
„Das ist mir zu wenig.“
Drei Sätze hat dieses wundervolle Geschöpf mir vergönnt und mich mit dem letzten vernichtet.

Tisch 4

Die Frau könnte meine Zwillingsschwester sein. Die gleichen lockigen hell-dunkel-mittel-undefinierbar-braunen Haare, die gleichen grün-grau-braunen Augen, sogar das gleiche Grübchen in der Wange, ihres sitzt links und meines rechts. Auch sind unsere Gesichter in derselben Höhe, sie scheint also so groß wie ich zu sein. Ob sie ebenfalls abstehende Ohren hat, die jetzt unter den Locken verborgen sind? Es ist, als ob ich in einem Spiegel mein Ebenbild erblickte und ich weiß nicht, ob ich sie schön oder hässlich finden soll, auf jeden Fall aber verwirrend.
„Sind wir verwandt, so über mehrere Ecken?“, frage ich.
Sie zuckt die Schultern: „Ist ja alles Inzucht auf den Bauerndörfern hier. Kann aber nicht sein. Meine Familie kommt aus Bulgarien.“
„Von uns war nie einer in Bulgarien.“
„Ist schön da, solltest du mal hinfahren.“
„Und seit wann bist du hier?“
„Seit dem Kindergarten. Wofür brauchst du eine Frau?“
„Wie, wofür?“
„Na ja, was hast du dir so vorgestellt? Willst du eine 'beautyqueen', um mit ihr vor deinen Kumpeln anzugeben oder eine, die mit anpackt?“
„Auf jeden Fall eine, die sich mit dem Landleben und dem Wirtschaften auf einem großen Hof auskennt.“
„Kann man alles lernen.“
„Rechnen muss sie können. Weißt du, was ein Dreisatz ist?“
„Klar, habe gerade eine damit plattgemacht.“
„Wie?“
„Jeder Tennisprofi weiß, was ein Dreisatzsieg ist.“
„Du bist ein Tennisprofi?“
„Wahrscheinlich komme ich dir bekannt vor, weil du mich letztens in den 'Australian open' beim Match gegen Irina Zvozek gesehen hast.“

„Leider nein."
„Dann erzähl ich´s dir - oder interessiert es dich nicht?"
„Doch, klar doch."
„Also: Erst ließ es sich ganz gut an. Ich lag schon bald 5:1 vorn, habe aber meine Führung im Tiebreak versemmelt. Danach wurde es wieder etwas besser, immerhin habe ich ab dem zweiten Satz all´ meine Aufschlagspiele durchgebracht - bis auf das neunte Spiel im dritten Satz, als ich das Break kassierte.
Im dritten Satz tat ich mich sehr schwer. Beim Stand von 5:3 verlor ich meinen Aufschlag, beim Stand von 5:4 vergab ich meinen ersten Matchball. Erst meinen zweiten konnte ich nutzen. Insgesamt bin ich aber zufrieden, die Zvozek ist ein starker Gegner und bei neun Assen unterlief mir nicht ein Doppelfehler."
„Faszinierend!"
„Ist dir aber schon klar, dass ich meine Karriere nicht für einen Bauernhof opfern werde, oder?"

Tisch fünf

Ab und an können die Lider den langen dichten Wimpernvorhang nicht mehr oben halten und klappen nach unten, jeder mühsame Augenaufschlag danach scheint umso bedeutungsvoller, umso dramatischer. Dick von schwarzem Kajal umrandete Blicke voller Misstrauen versuchen sich in mich zu bohren, meine Seele zu ergründen. Das zarte Gesichtchen um diese Augen herum wirkt hingegen banal, Nase, Mund, Wangen ohne Auffälligkeiten, die dunklen Haare zu einem Knoten im Nacken frisiert.
„Guten Tag, mein Name ist Halima. Warum sind Sie noch Junggeselle?"
„Ich habe gerade eine längere Beziehung hinter mir."
„Aber Sie waren nicht verheiratet?"

„Nein."
„Für Männer ist das alles ja auch viel einfacher."
„Was ist einfacher?"
„Da, wo ich herkomme, wo meine Familie herkommt... Haben Sie Freundinnen oder Gespielinnen?"
„Nein, sonst wäre ich ja nicht..."
„Nein, sonst wären Sie nicht hier, meinen Sie? Aber sie würden es mir ja sowieso nicht sagen. Das tut ihr Männer ja nie."
„Wieso, nein, doch. Ich bin immer ehrlich."
„Dann sagen Sie ganz ehrlich, was Sie von einer Frau erwarten."
„Sie soll sich mit dem Dreisatz auskennen."
„Was? Das meinen Sie doch nicht ernst!"
Die großen Augen noch weiter aufgerissen, sodass sie das halbe Gesicht einnehmen: "Das habe ich nicht erwartet."
„Ich verstehe nicht."
„Das können Sie mir doch nicht antun."
„Ich wollte Ihnen nicht zu nahe ..."
„Dreimal denselben Satz sagen, dreimal die Talāq[1]-Formel und die Ehefrau muss gehen, hat nichts mehr, muss zu ihrer Familie zurück? So einer sind Sie? Dreimal Ihre Gattin verstoßen und aus ist es? Können Sie sich vorstellen, was das für uns Frauen bedeutet?
Nein, können Sie nicht.
Ihnen ist es wahrscheinlich auch egal, ob Sie mit dem dreimaligen Aufsagen dieses vermaledeiten Satzes Ihre Frau ins Unglück stürzen und ihr die Kinder wegnehmen. Nein, Sie brüllen die Scheidungsformel im Zorn heraus, weil Sie sich nicht beherrschen können oder lallen sie sturzbetrunken vor sich hin."
„Aber...".
„Meine Schwester lag im Wochenbett, da ist ihr Ehemann gekommen und hat ihr dreimal die Talāq-Formel ins Gesicht geworfen, können Sie sich das vorstellen? Glauben Sie, dass ich mich jemals mit so einem Kerl einlasse? Nein, wenn Sie

so einer sind, wissen Sie, dann will ich sowieso nichts mit Ihnen zu tun haben."
Halima spuckt dreimal aus: „Möge Allah mich vor so einem Mann schützen!"

Tisch sechs

Kaum habe ich mich gesetzt, legt sie los: „Weißt du, ich habe immer in ′ner großen Stadt gelebt, wo man den Sand unterm Pflaster schon lang vergessen hat - ach was Sand, den Dreck unterm Asphalt - wo man die Jahreszeiten nur am Temperaturunterschied und daran erkennt, ob es morgens, wenn man zur U-Bahn geht, schon hell oder noch dunkel ist, wo das ewige Rauschen des Verkehrs nur durch das Heulen der Sirenen unterbrochen wird und der Himmel aus dem kleinen Ausschnitt besteht, den man nur sieht, wenn man sich weit aus dem Parterrefenster im Hinterhaus lehnt. Das alles habe ich jetzt aber satt, einfach satt."
„So schlimm? Und jetzt willst du da weg?"
Sie nickt. Dabei wippt die lange Haarsträhne, in die der orangerote Haarschopf über ihrer Stirn mündet, auf und ab und gibt für einen kurzen Moment die Sicht auch auf ihr linkes Auge frei. Es fixiert mich unverwandt.
„Lass mich raten, du kommst aus Berlin, oder?", frage ich.
„Aus′m Wedding."
Ihre Lippen sind vom gleichen Farbton wie der Buschen über der Stirn, das Orangerot steht zum blassen, milchigweißen Gesicht und den grauen Augenringen in unangenehmen Kontrast. Sie grinst und zeigt dabei eine Reihe gelber Zähne, aber vielleicht sind sie nicht gelb, sondern der Widerschein des Lippenstiftes lässt sie nur so verfärbt wirken. Sie grinst, die zwei scharfen Falten von den Nasenflügeln zu den Mundwinkeln ziehen sich dabei so in die Breite, dass sie fast waagrecht stehen.

„Du bist, wie es scheint, eine typische 'Berliner Pflanze' und willst jetzt in Niederbayern Wurzeln schlagen? Was stellst du dir da so vor?“
Das breite Grinsen scheint festgenagelt: „Naja, Bäume, Vögel, Bienen, Natur, Sonnenschein, sauberes Wasser, all sowas.“
„Viel mehr gibts auch nicht. Das weißt du schon, oder? Weder Clubs noch Kino noch sonst was.“
„Damit komme ich klar. Der Umzug muss aber schnell gehen, bloß schnell.“
„Das Landleben schon mal ausprobiert?“
„Im Urlaub war ich mal an der Nordsee und einmal in Oberbayern.“
„Dann ist ja alles klar. Und was machst du beruflich?“
„Mal dies, mal das, bin sehr flexibel.“
„Weißt du, was ein Dreisatz ist?“
Das rechte Auge weit aufgerissen, die orangeroten Lippen zu einem Rund geformt: „Oh, das ist was mit Zahlen, oder?“
„Ja.“
„Mathe ist nichts für Mädchen. Weiß doch jeder.“

Die Triangel läutet eine kurze Pause ein, während der wir uns an der Theke neue Getränke holen, plaudern oder eine Zigarette rauchen gehen. Ich überlege kurz, mich davonzustehlen, verwerfe aber dann den Gedanken, weil ich immer noch neugierig bin und die volle Teilnahmegebühr schon entrichtet ist.

Tisch sieben

Vor mir sitzt die Blondine, die zu Beginn des Speed-Datings der Anbiederung des Veranstalters widerstanden hatte. Ihr Blick ist glücklicherweise jetzt milder als der, mit dem sie den Kerl auf Abstand hielt. Sie fährt sich mit der Hand durch ihre langen Haare, streicht eine Strähne hinters Ohr und lächelt.

„Hi, ich bin Claudine“.
Ihr unverkennbarer französischer Akzent weckt Assoziationen an die von mir hochgeschätzten Filmeklassiker mit Catherine Deneuve. Sie sieht der großen alten Mimin sogar ein wenig ähnlich, natürlich viel jünger, sie könnte deren Enkelin sein.
„Aus Frankreich?“
„Strassbourgh.“
„Was hat Sie hierher verschlagen? Arbeit oder Liebe?“
„Ich würde vorschlagen, dass wir uns duzen.“
„Gern.“
„Um auf deine Frage zurückzukommen. Es war die Arbeit, aber vielleicht kommt die Liebe noch.“
„Bestimmt. Du bist wirklich eine Schönheit.“
„Merci. Du bist auch sehr attraktiv.“
Meine Ohren glühen. Hoffentlich bemerkt sie es nicht.
Sie tut so, als fege sie einen Krümel vom Tisch, lächelt versonnen, sieht mich mit einem verschmitzten Blick von unten herauf an. „Erzähl mir von dir. Was machst du, wenn du die Damen nicht nach der 'Régle de Trois' fragst?“
„Woher..?“
„Was denkst du? Ich habe mich in der Pause natürlich mit meinen Vorgängerinnen unterhalten. Ich wende den Dreisatz an, um Prozentzahlen zu errechnen.“
„Da bin ich jetzt aber froh.“
„Ich bin nicht dumm. Das war es, was du wissen wolltest?“
„Wenn man nur drei Minuten Zeit hat, muss man sich eine gute Frage überlegen.“
„Je comprends. Dann bin ich jetzt dran: Was hast du als Nächstes vor? Die Ernte steht ins Haus, Ihr baut hier alle Rüben an, nicht wahr? Du auch?“
„An die hundertfünfzig Hektar.“
„Bist du im Maschinenring?“
„Sogar im Vorstand. Ich organisier den Verleih der Rübenvollernter.“

„Was habt ihr für welche?"
„Vier Grimme Maxtron."
„Keinen Ropa?"
„Wer kann sich den schon leisten?"
„Der, der gute Beziehungen hat."
„Du verkaufst Agrarmaschinen?"
Sie holt einen Umschlag aus ihrer Handtasche und schiebt ihn über den Tisch: „Ich biete dir einen Ropa Tiger 6S zu einem echt guten Preis an. Überleg´s dir, mon cheri."

Tisch acht

Schneeweiße Haut, unglaublich schwarze Haare, knallgrüne Augen. Als meine Katze tödlich erkrankte, nahmen ihre Augen auch diese intensive Farbe an. Ich kann meinen Blick nicht abwenden.
„Schon wieder ein Dunkelhaariger. Hier in der Gegend gibt es wohl keine blonden Männer?", mault sie.
„Hans Hinterseer ist grün, äh blond - zum Beispiel. Sonst weiß ich nicht, wie das Verhältnis der Blonden zu den Nichtblonden in Bayern ist. Müsste man ausrechnen."
„Ach, du bist der Typ mit dem Dreisatz. Hab schon von dir gehört. Langweilt mich aber."
„Öha!"
„In Deutschland gibt es nur sechs Prozent naturblonde Männer und ich will einen davon."
„Ist das nicht ein wenig einseitig?"
„Wieso, ihr Männer bevorzugt doch auch Blondinen?"
„Na wegen der Witze natürlich. Blond und doof."
„Fallen zwei Männer von Dach. Ein Dunkelhaariger und ein Blonder - wer kommt zuerst unten an?"
„Keine Ahnung."
„Der Dunkelhaarige, der Blonde muss erst nach dem Weg fragen."

„Und du wählst den Doofen?"
„Es ist nicht schön, wenn jemand solche Vorurteile hat."
„Sag mir lieber, wieso deine Augen so grün sind. Kontaktlinsen?"
„Die trage ich aus hypnotischen Gründen."
„Das ist dir gelungen. Angesichts derer kann man ja kaum einen vernünftigen Gedanken fassen."
„Wie groß ist also die Wahrscheinlichkeit, einen naturblonden Bayern zu treffen, der auch noch alle Tassen im Schrank hat?"
„Die Wahrscheinlichkeit, in Niederbayern überhaupt einen Mann zu treffen ist höher als in Gesamtdeutschland, auf 100 Frauen kamen 2018 120 Männer – fast wie in China[2]. Die Ausgangslage ist also schonmal ganz gut."
„O.k. Dann nehmen wir an, die Wahrscheinlichkeit, einen Blonden zu finden, sei N! und die Gesamtzahl niederbayerischer Blonden wäre n, dann gilt: N! = n * (n – 1) * (n – 2) * (n – 3) * (N - 4) ... usw. Bloß die weiteren Kriterien ..." Sie schüttelt den Kopf: „Das wird wohl nichts."
„Du bist ganz schön frech."
„Glaubst du, du bist hier der Einzige, der rechnen kann?"
„Offensichtlich nicht. Was machst du beruflich?"
„Ist eher eine Berufung."
„Und?"
„Ich lebe vom Spielen, von Roulette, Wetten und so was. Da muss man auf Zack sein!"
Zack und Bing

Tisch neun

Die Dame vor mir wirkt wohltuend unscheinbar. Haare nicht zu blond und nicht zu dunkel, graugrüne Augen, harmonische Gesichtszüge, nichts Exotisches. Sanftheit umfängt sie wie eine Aureole.

„Jetzt wird es vielleicht doch noch ein guter Abend", sage ich.
„Die Hoffnung stirbt zuletzt, nicht wahr?"
„Darf ich denn hoffen?"
„Sie haben sich ihren schlechten Ruf konsequent erarbeitet. Los, stellen Sie schon ihre lächerliche Dreisatz-Frage."
Wo ist auf einmal ihre Sanftheit hin?
„Bei Ihnen würde ich es nicht wagen."
„Gut so. Aber wollen wir doch mal sehen, ob Sie selbst in Punkto Dreisatz sattelfest sind. Ich mache es Ihnen leicht und stelle eine Frage für den Landwirt: Es wurden 100 Kilogramm Kartoffeln mit 99 Prozent Wasser geerntet. In der Sonne schrumpelten sie etwas und bestehen nur noch zu 98 Prozent aus Wasser, sind aber ansonsten ok. Die Frage ist: Wie viel wiegen die Kartoffeln jetzt?"
„99 Kilo?"
„Herr Agrarökonom, haben Sie nicht zugehört? Wir haben es hier mit Prozenten zu tun! Die Kartoffelfestmasse beträgt ein Kilo und bleibt gleich, nimmt aber im Zuge des Trocknungsprozesses einen höheren Prozentsatz der Gesamtkilomenge ein. Der Dreisatz muss also heißen: 1% der Trockenkartoffelsubstanz verhält sich zu Gesamtkilozahl (100kg), wie 2% Trockenkartoffelsubstanz zu Gesamtkilozahl x. Man multipliziert hier also 1 mal 100 entspricht 2 mal x. X auf die andere Seite, also x = halbes mal 100 ist 50."
Sie grinst. „Es sind 50 Kilo und nicht 99."
„Da haben Sie allerdings recht."
Schweigen. Ich weiß nicht, was ich sagen soll.
„Hm – und politisch so, was machen Sie politisch?", hebt sie wieder an und bemüht sich nicht einmal, das triumphierende Grinsen aus ihrem Gesicht zu verbannen.
„Ich, äh, ich bin im Maschinenring und im Gemeinderat."
„Ja, dann kennen Sie vielleicht das Braess'sche Paradoxon[3]? Das Nash- Gleichgewicht[4]?"
„Wie? Nein."
„Dabei geht es darum, dass entgegen der ursprünglichen An-

nahme eine zusätzliche Entlastungsstraße einen Verkehrsstau schlimmer statt besser macht."

„Darf ich um Gnade bitten? Ich bereue es sehr."

„Was genau?"

„Die Damen mit meiner Rechnerei in die Ecke treiben zu wollen."

„Ich könnte Ihnen das Braess'sche Paradoxon anhand einer Zeichnung erläutern, habe aber keinen Stift dabei. Vielleicht später bei einem Bier?"

Oh mein Gott, diese Frau schickt der Himmel – JA, NATÜRLICH JA!

„Ich besorg's Ihnen."

„Wie bitte?"

„Einen Stift, ich meine natürlich einen Stift!"

[1] Talāq : https://de.wikipedia.org/wiki/Tal
Nach islamischem Recht kann der Mann die Scheidung durchsetzen, wenn er seine Frau dreimal verstößt. Talāq bedeutet „Verstoßung".
Dabei muss er jedoch einige Regeln einhalten, die je nach Rechtsschule variieren, siehe dazu „Die verbotene Scheidung(At-Talâq Al-Bid´î) Fatwâ-Nummer: 135043, Fatwâ-Datum:2-5-2010"
https://www.islamweb.net/de/fatwa/135043/Die-verbotene-Scheidung-At-Tal%C3%A2q-Al-Bid%C2%B4%C3%AE

[2] https://www.merkur.de/bayern/maennerueberschuss-in-niederbayern-fehlen-auch-in-muenchen-frauen-zr-9676658.html

[3] Braess'sche Paradoxon
Zit in „Denkfallen und Paradoxa" von Timm Gramms
https://www2.hs-fulda.de/ ˜ grams/dnkfln.htm

[4] Nash-Gleichgewichtes nach John Nash:
„Wenn es in einem Spiel eine Strategiekombination gibt, für die gilt, dass es für keinen Spieler profitabel ist, seine Strategie zu ändern, wenn die anderen Spieler ihre Strategie unverändert lassen, bilden die Strategiekombination und die resultierenden Payoffs ein Nash-Gleichgewicht." in spudema Beiträge Kuhlenschmidt
https://www.mathematik.de/spudema/spudema_beitraege/beitraege/kuhlenschmidt/nash.htm

SCHÖNHEITS-WETTBEWERB

PUPPENKÖNIGIN, 2018

WER IST SCHÖNER, 2018

FIGURENTHEATER, 2017

VERKÜNDIGUNG. 'OH, MÖNCH, GIB ACHT', 2019

DREI GRAZIEN, 2013

FIGURATION, 2001

Dreisprachig

Dunkler Tann

Zu Ewelinas Hochzeit schenkte man dem Brautpaar einen Rundflug über den bayerischen Wald. Sie überflogen zunächst die nähere Umgebung ihrer künftigen Wohnstätte und drehten dann nach Nordosten ab, dabei sorgsam den Flugverbotszonen nahe der Grenze ausweichend. Der Pilot erklärte ihnen, dass vor ein paar Tagen ein gewisser Mathias Rust auf dem Roten Platz vor dem Kreml gelandet wäre und die Grenzbeamten daher besonders aufmerksam und streng seien. Ewelina stellte sich vor, dass man sie bei einem versehentlichen Eindringen in den tschecheslowakischen Luftraum entweder abschießen oder zur Landung hinter dem Eisernen Vorhang zwingen würde und sie ebenso wie der junge Deutsche in Moskau einen internationalen Zwischenfall auslösten. Letzteres erschien ihr aufregend, aber angesichts des tapferen Bräutigams an ihrer Seite nicht beängstigend. Doch nichts dergleichen geschah. Die Cessna wackelte und bebte, die Fenster schepperten etwas, aber das kleine Flugzeug tat wacker seinen Dienst.

Unter ihnen dehnten sich die eintönigen Fichtenschonungen des Staatsforstes. Nur hie und da wies das satte Grün des dichten Bewuchses bräunliche Flecken auf, auf einigen Bergrücken reckten ihnen kleine Gruppen abgestorbener Bäume dürre Äste entgegen. „Das ist das Waldsterben, in wenigen Jahren wird hier alles kahl sein“, sagte Ewelinas zukünftiger Mann und seufzte über die viele Arbeit, die auf die Forstverwaltungen zukommen werde. Ewelina kuschelte sich an ihn: „Dann geht dir die Arbeit nie aus und sie können froh sein, dass sie dich haben." Der Oberförster in spe drückte seine Braut an sich.

Nach der Hochzeit zogen sie ins Forsthaus tief im grünen Tann. „Dort drin im Wald, hinter den sieben Bergen wird mein Schneewittchen wohnen", hatte ihr Mann ihr versprochen.

Der Umzugswagen rumpelte über die Forststraße. Auf beiden Seiten reckten sich die Fichten fast vierzig Meter empor und formierten sich zu einer Wand aus kahlen Stämmen und Totholz. Die Kronen bildeten das dichte grüne Dach, das Ewelina von oben gesehen hatte, welches sie nun aber fast vollständig vom Himmel abschirmte. Nur an wenigen Stellen gelang es den Sonnenstrahlen, das schwärzliche Halbdunkel zwischen den schnurgerade in die Höhe geschossenen Stangen zu zersägen. „Perfekt gewachsen, aber noch nicht hiebreif!" sagte ihr Gatte.

Immer tiefer ging es hinein in den schwarzgrünen Tann. Undurchdringliches Brombeergebüsch säumte jetzt die holprige Straße, Ranken voller Dornen griffen nach der jungen Ehefrau. „Ich bin Dornröschen", sagte Ewelina.

Endlich wich der Wald etwas zurück und gab den Blick auf eine kleine Lichtung und ihr künftiges Zuhause frei. Das Forsthaus, ein riesiges Gebäude mit weit heruntergezogenem Schindeldach und kleinen Sprossenfenstern, eine Melange aus Hexenhäuschen und monströser Dritte-Reich-Architektur, war früher eine Zweigstelle des Reichsforstamtes. Im ersten Stock befanden sich seinerzeit die Büros. Ein paar Rollschränke, Schreibtische, Stühle standen noch herum, im Großen und Ganzen war das Gebäude aber bezugsfertig. Sie schmiedeten eifrig Pläne, wiesen den Räumen neue Funktionen zu, bestimmten eines zum Schlafgemach, ein anderes zum Ankleidezimmer, Herrenzimmer, Hobbyraum, zur Bibliothek. Immer noch blieben Zimmer ungenutzt, warteten auf die Kinderschar, die sie bevölkern würde.

Prunksaal

Das Erdgeschoss wird von einem großen Saal dominiert, geeignet für Versammlungen, Feiern, große Jagdgesellschaften. Die Tafel inmitten des Raumes bietet Platz für üppige Festmahle, ausschweifende Gelage, fröhliche Familienrunden. Zwanzig Stühle stehen bereit. Die Tischplatte ist aus dem Stamm eines riesigen Kambalabaumes geschnitten, goldfarben glänzt das Holz.

Doch die Jahre vergehen, das Glück will sich nicht einstellen. Die Kinder bleiben aus, das Försterpaar ist nicht fruchtbar.

Der goldfarbene Glanz bleibt unter den Tischdecken verborgen, die zum Schutz gegen das Ausbleichen durch einfallendes Sonnenlicht über die Platte gebreitet sind. Nur bei wenigen Stühlen ist die olivgrüne bis dunkelbraune Maserung auf der kompakten Rückenlehne noch hübsch anzusehen, die meisten sind von Hussen bedeckt, die Ewelina nach und nach schneidert. Unter den Stuhlbeinen kleben kleine Filzplättchen, damit sie geräuschlos über den Boden gleiten und kein Scharren die Stille stört, keine Kratzer die prächtigen Bodenfliesen verunstalten.
Durch drei vergitterte Fenster würde man auf die Fichtenwand hinausblicken, die im Laufe der Jahre immer näher rückt, doch meist bleiben die Stores zugezogen. An der Wand dazwischen prangen die 'Krickerln' der Kümmerer, die der Gatte im Laufe der Jahre schießt: Spießer und Gabler mit fehlender oder verbogener, korkenzieherför-

migen Stange; sogar das bröckelnd wuchernde Gehörn eines 'Perückenbockes' sprosst aus den 'Rosenstöcken' über der wasserstoffperoxid-gebleichten Knochenplatte. Augenzwinkernd präsentiert der Forstmann das kurios Unvollkommene.
An den Seitenwänden wechseln sich die Bilder der honorigen Ahnen des Gatten mit den stolzen Geweihen wohlgeratener Hirsche ab. Zwischen dem ältesten Vorfahren der Familie und seinem Sohn hängen drei Kronenzehner, zwischen dessen Schwester und Ehefrau ragen zwei Zwölfender in den Raum, zwischen Cousin Alfred und seiner Tochter prangen drei Vierzehnender. Seit ein paar Jahren trennen zwei riesige Elchgeweihe Ewelinas Bildnis von dem ihres Gemahls.
Seit der Gatte zusammen mit seinem besten Kumpel eine Jagdfarm in Namibia mit reichlich Tierbestand gekauft hat - leider auch mit einem Dorf voller Eingeborener, die dort seit Jahrzehnten hausen, jetzt allerdings unrechtmäßig, denn jetzt gehört das Land den Deutschen, aber sie werden die Schwarzen schon noch verjagen, notfalls verklagen sie sie, das Recht auf Eigentum gibt es auch in Namibia, das wird dann schon werden – seitdem der Gatte also viel Zeit in Afrika verbringt, wird die Stirnwand mit dem exotischen Gehörn afrikanischer Tiere verziert. Neben den gedrehten Stangen der Eland, den geriffelten Bögen von Springböcken und Impala, den spitzzulaufenden 'Dolchen' zweier Oryx-Bullen und den gedrungenen Gebilden der Hartebeest, winden sich die gewaltigen Hörner zweier Kudus.
Darunter hat Ewelina einen Fernsehschrank aufgestellt. Hinter seinen ausladenden Eichentüren verbirgt sich ein monströser Bildschirm, der fast schon die Größe einer Kinoleinwand hat. Im Lauf der Jahre trägt sie eine große Sammlung an DVDs zusammen, die sie in einem weiteren Eichenschrank verwahrt, denn einsam ist es im dunklen

Tann und so langweilig. Die Filme bringen etwas Abwechslung.
Zwei Hussen werden von den Stühlen genommen, die Tischdecke zurückgeschlagen, Knabbereien auf den Tisch und zwei Gläser Bier auf Untersetzern platziert, der Gatte zum Fernsehabend geladen. Oft findet er eine Ausrede, doch ab und zu fügt er sich.
Ewelina hat die Kassette: 'Paradies: Liebe' erstanden. Welch verheißungsvoller Titel! Sehnsucht, Sentimentalität und die Hoffnung auf aufgewärmtes Eheglück bestimmten ihre Wahl.

„Paradies: Liebe“

Es kommt anders, als erwartet. Der Film erzählt die Geschichte dreier Urlauberinnen aus Österreich. Die älteren Frauen fahren nach Afrika, vermutlich nach Kenia oder vielleicht auch Tansania, das wird nicht klar. Schon bald sind sie – am Strand, aber auch auf dem Markt – von einem Schwarm drahtiger, muskulöser Männer umgeben. Es gibt ein Vermischen und Vermengen der Geschlechter, unangenehm fahl hebt sich weiße Haut von kaffeebrauner ab, welkes Fleisch schmiegt sich an straffe Muskeln. Anzügliches Dauergrinsen der Damen schiebt die feisten Wangen so weit nach außen, dass ihre Gesichter die Form von Birnen annehmen.
Zwei der Damen sind sich über die Machtverhältnisse am Ort im Klaren. Sie bringen Geld nach Afrika und dürfen dafür sexuelle Leistungen erwarten. Sie lassen junge Männer nackt vor sich tanzen, winden Schleifen um ihre Penisse, verspotten und demütigen sie in vielfältiger Weise. Sie sind 'Sugarmamas', zucken mit den Schultern, dafür gebe es eben die Kohle, das sei der Deal.
Die dritte verliebt sich in einen Afrikaner, hält die Frau

des Angebeteten für seine Schwester und unterstützt die Familie mit Geld, bis die Forderungen immer höher und unverschämter werden und die ganze Romanze erst in eine wütende Schreierei und dann in verzweifelte Tränen mündet.

Das Försterpaar belässt es bei zwei halb ausgetrunkenen Gläsern Bier, schaltet vorzeitig ab. Der Gemahl findet das Ganze ungustiös, lässt aber offen, was genau er damit meint.

Bald darauf stirbt er irgendwo in Namibia – vielleicht an einem Herzinfarkt, vielleicht an einer Kugel mitten ins kalte Herz. Ewelina fragt nicht nach, vermisst ihn auch nicht und bleibt weiterhin im Forsthaus, das die Verwaltung dem ehemaligen Herrn Oberforstrat nebst Gattin zu dessen Lebzeiten zu einem annehmbaren Preis verkauft hatte, wohnen. Die Witwenpension ist üppig, das Leben sorgenfrei und langweilig – alles fast wie gehabt.
Ihr bleibt nichts weiter zu tun, als zusammen mit einem riesigen Rhodesian Ridgeback namens Arno ihre Schar Hühner und Gänse gegen hungrige Waldtiere zu verteidigen.

Der Mann aus Afrika

Ewelina muss in den nächstgelegenen Ort fahren, um ihre Vorräte aufzustocken. Nahe dem Parkplatz des Einkaufscenters befindet sich eine Bushaltestelle, in der bei schlechtem Wetter ein Mann Unterschlupf sucht. Seine schmale Gestalt, die schwarze Haut, das gekringelte Haar, das wie eine Haube auf seinem Kopf sitzt, seine großen Augen, der immer etwas scheue, misstrauische Blick weisen ihn als einen der Flüchtlinge aus Afrika aus, denen die

Gemeindeverwaltung für kurze Zeit den Aufenthalt erlaubt. Nach ein paar Monaten werden sie durch andere 'Geflüchtete' - wie es jetzt heißt - ersetzt werden.

Ewelina hat zunächst den Unterschied zwischen den beiden Begriffen nicht verstanden, sich dann aber darüber belehren lassen, dass die Endsilbe 'ling' einen Dauerzustand beschreibe, während der 'Geflüchtete' nicht nur in Hinblick auf seinen Flüchtlingsstatus betrachtet werden sollte, sondern als ein Mensch, der aus einem bestimmten Grund in dieser außerordentlichen Situation stecke, die sich aber in Bälde wieder ändern werde. Die Sprachregelung verursacht ihr Unbehagen, weil die neue Etikettierung nur die Hoffnung darauf bezeichnet, dass der 'Geflüchtete' möglichst bald wieder weggehen, in welche Hölle auch immer zurückkehren werde. Das Wort 'Flüchtling' hingegen ist Ewelina vertraut, ist beständig, ist in ihren Genen verankerte Familiengeschichte, seitdem die Großeltern aus Polen in die DDR und sie mit ihren Eltern lange vor der Grenzöffnung weiter in die BRD 'rübergemacht' hatten. 'Flüchtling' bleibt man sein Leben lang, nicht unbedingt, weil einem die neue Umgebung das Leben besonders schwer macht, sondern weil man eine verlorene Heimat nicht wiederfindet.
Sie muss an Görlitz denken, an die Stadt, in der sie aufgewachsen ist. Doch dort ist niemand mehr, mit dem sie sich an ihre Kindheit erinnern könnte. Auch der Afrikaner wird vermutlich nie wieder dorthin zurückkehren können, wo ihm alles so vertraut ist, dass seine Füße jeden Weg kennen und seine Trommelfelle im Takt der Sprachmelodie schwingen, wo es riecht wie nirgendwo sonst auf der Welt.
Ewelina packt die gekauften Waren in ihren Jeep. Vom Parkplatz aus führt sie ihr Weg dicht an der Haltestelle vorbei. Obwohl ein Bus in der Zwischenzeit Halt gemacht

hat, sitzt der Mann immer noch auf der Bank, die Arme vor dem Körper verschränkt, den Kopf gesenkt.

Zwei Tage später macht sich Ewelina wieder auf den Weg zum Einkaufscenter und kauft dort Couscous, Lammfilet und exotische Früchte. Auf dem Rückweg hält sie an der Bushaltestelle, lässt das Seitenfenster hinunter und fragt den afrikanischen Mann, wie es ihm gehe und ob er nicht friere. Er hebt erstaunt den Kopf, runzelt die Brauen, seine Stimme zittert ein wenig, als er irgendetwas auf Französisch antwortet. Ewelina kramt ihre Schulkenntnisse zusammen und wiederholt ihre Frage, lädt ihn zum Mittagessen zu sich nachhause ein, versichert ihm, dass ihr Essen halal, wenn nicht sogar koscher sei. Als er endlich versteht, lächelt er breit und zeigt eine Reihe ebenmäßiger, im Kontrast zur schwarzen Haut unglaublich weiß erscheinender Zähne. Er steigt zu ihr ins Auto.
Während der langen Fahrt durch den Wald zieht er die Schultern hoch und knetet ununterbrochen seinen linken Zeigefinger. Wieder und wieder fragt er Ewelina, wie tief es denn noch in den Wald gehe und ob sie je wieder herausfänden. „Immer der Straße nach“, sagt Ewelina und: „Ich tue Ihnen nichts.“ Den Rest der Strecke legen sie schweigend zurück, bis sich endlich der Wald zu der kleinen Lichtung öffnet. Der Mann atmet kurz auf, fällt jedoch angesichts des Forsthauses und des im Zwinger herumspringenden und laut bellenden Arno in seine bedrückte Stimmung zurück. Ewelina sucht in ihrem begrenzten französischen Wortschatz nach den richtigen Worten. Was sie sagen will, ist, dass ihm nichts geschehen werde, sie allein wohne, Arno zu ihrem Schutz da sei und sie überdies hoch und heilig verspreche, dass der Hund ihn nicht fressen werde. Der Mann versteht nicht einmal die Hälfte ihres Kauderwelsch. Erst, als er ihr in der Küche beim Kochen zugesehen und dann das Braten des Lammes

in die eigenen Hände hat nehmen dürfen, als sie gemeinsam am großen Tisch im Esszimmer sitzen und Arno sein Hundefutter und nicht ihn frisst, entspannt er sich. Die Konversation allerdings gestaltet sich weiterhin mühsam. Immerhin kann Ewelina ihm zu verstehen geben, dass er sowieso Deutsch lernen müsse, wenn er in diesem Land bleiben wolle und sie es ihm - im Tausch für ein paar Instandsetzungen des Forsthauses - beibringen werde. Er könne bei ihr einziehen, Platz genug sei vorhanden und er solle es sich überlegen.

Sprache

Weitere Rendezvous folgen und schließlich zieht der Mann aus Afrika zu Ewelina,
weil er in dem kleinen Ort keine Arbeit findet,
sein Flüchtlingsstatus nicht anerkannt wird und die Ausweisung droht,
Ewelina gut kochen kann, ihm aber auch gern die Küche überlässt, die Reparaturarbeiten im Forsthaus leicht zu bewältigen sind und ihm ein wenig Taschengeld einbringen,
er freie Kost und Logis bekommt,
er sich gezwungen sieht, bei ihr im Wald unterzutauchen, damit ihn die Behörden nicht finden und - last not least - Ewelina ihm die Landessprache beibringen will.

Ewelina geht dabei sehr systematisch vor. Als erstes erstellt sie einen Grundwortschatz an Verben. Für jedes Wort sucht sie im Wörterbuch nach der französischen Übersetzung. Ein zweites Vokabelbüchlein füllt sie mit Nomen und deren französischer Entsprechung. Später kommen noch Adjektive, Adverbien und Präpositionen hinzu. Der Mann aus Afrika bekommt ein tägliches Lernpensum von zwanzig Wörtern, das Ewelina überprüft.

Den Satzbau bestimmt die SPO-Regel: Subjekt-Prädikat-Objekt. Orts- und Zeitbestimmungen werden unmittelbar nach dem Subjekt eingefügt. Ewelina lässt ihren Schüler leichte Übungssätze formulieren und besteht dabei auf der strikten Einhaltung der Syntax. Das klappt nicht sehr gut, denn erst nach Monaten können sie bei der täglichen Unterhaltung auf zusätzliches Gestikulieren verzichten.
Angesichts seiner langsamen Fortschritte verzichtet Ewelina vollständig auf das Deklinieren. Wörter werden weder durch ihr Geschlecht verändert, noch wird Mehrzahl von Einzahl unterschieden und auch dem Kasus beugen sich die Ausdrücke nicht. Das bringt leider oft eine Verwechslung des Dativ- mit dem Akkusativobjekt mit sich, sodass sie eine weitere Syntaxregel aufstellt und das Dativobjekt grundsätzlich vor das Akkusativobjekt positioniert. Einen Genitiv hingegen gibt es bei Ewelina nicht, Artikel hält sie für überflüssig.

Jeden Abend vor dem Schlafengehen durchquert der Mann aus Afrika die endlosen kahlen Flure, tappt über im Frühling eiskalte, im Sommer nur wenig wärmere und im Herbst wieder eiskalte gelbgraue Steinfliesen und murmelt die gelernten Wörter und Sätze halblaut vor sich hin; ruft sich dabei immer wieder ins Gedächtnis, dass einzig der fehlerfreie Gebrauch der Landessprache ihm ermöglichen werde, in diesem Land Fuß zu fassen, einen annehmbaren Job zu finden und den Umständen nicht weiter hilflos ausgeliefert zu sein.

Weiter geht es in Ewelinas Lehrplan: Zustandsveränderungen und zeitliche Dimensionen müssen ihren adäquaten Ausdruck finden und Verben des Fühlens, Träumens und Liebens erlernt werden. Zur Demonstration streicht sie dem Mann über die festen Oberarme, bettet ihr Haupt an seiner starken Schulter. Er lächelt, verweist auf die viele

körperliche Arbeit und fragt nach Pronomen.
Sogar nachts klopft Ewelina ab und zu an seine Zimmertür, kann ihn aber nicht wecken. Er bedauert, so einen tiefen Schlaf zu haben und bittet sie, ihn die Zahlwörter zu lehren. Zur Verdeutlichung bekommt er die entsprechende Anzahl Küsse aufgedrückt. Während er die erlernten Konjunktionen aufsagt, knabbert sie an seinem Ohrläppchen und weist daraufhin, dass, wenn sie schon die SPRACHE DER LIEBE sprächen, es jetzt endlich an der Zeit wäre, auch das Bett zu teilen.

Der Mann aus Afrika ist nun tatsächlich dreier Sprachen mächtig. Er ist stolz auf sich. Er spricht die Landessprache, vielleicht nicht so gut wie die französische und die Sprache seines Volkes - wer spricht schon drei Sprachen perfekt? - doch er beherrscht sie gut genug, um endlich ein eigenständiges Leben in diesem Land aufbauen zu können. Außerdem will er keinen Tag länger bei der Alten bleiben. Heimlich packt er seine Sachen, stiehlt sich weit vor Sonnenaufgang aus dem Haus und folgt der Forststraße ins nächste Dorf.
Die Bäckerei öffnet gerade und er tritt ein.
„Bezween irgerson!“
„Wie meinen?“
„Bezween irgerson! Wo manschu für poläton.“
„Was möchten Sie?“, der Bäckermeister deutet auf verschiedene Backwaren.
„Parlez vous allemand?“ fragt der Afrikaner verblüfft.
„Oui, biensûr!“
„Koschak, bezween igerson, wo manschu für poläton!“ wiederholt er mit Nachdruck.
„Quelle langue est-ce? Welche Sprache ist das?“
„Allemand - Deutsch!“
„Non!“, beharrt der Verkäufer.
„Mais biensûr, ich sprechen Deutsch!“

„Nein, tun Sie nicht! Non ne parle pas. Ce n'est pas de l'allemand. Ich weiß nicht, was Sie da reden – deutsch ist es jedenfalls nicht.“

Dem Mann aus Afrika kommt ein fürchterlicher Verdacht. Die Frau hat ihm nicht Deutsch beigebracht, sondern eine Sprache erfunden. All die vielen Monate hat er nichts als unsinniges Kauderwelsch gelernt und sinnlos seine Zeit vergeudet. All seine Anstrengungen, die Mühsal, sein Fleiß beim Erfassen neuer Wörter, das viele Abfragen, Korrigieren, Auswendiglernen. Alles umsonst.

Wie hat die Alte diese Sprache genannt, die außer ihnen beiden kein Mensch sonst spricht: SPRACHE DER LIEBE?

Welch ein Hohn!

Ein Spinnennetz aus unnützen Wörtern hat sie um ihn gewoben, ein Gefängnis aus Perspektiv- und Chancenlosigkeit um ihn erbaut, ihn für den Rest seines Lebens isolieren, einsperren wollen - vielleicht, ja wahrscheinlich - sogar töten.

Er fasst sich an die Stirn, die Knie werden ihm weich.

Wie dumm von ihm. Jeder weiß doch, dass es sie überall auf der Welt gibt! Wie viele hat er in seinem eigenen Land schon kennengelernt, wie vielen Prozessen beigewohnt? Gibt es in diesem Land nicht sogar ein Märchen, das genau d i e s e Art von Frau beschreibt?

In Deutschland wohnen sie tief im dunklen Tann - die Hexen!

Drei Wünsche

Eine Fee aus einer peinlichen Situation zu retten, zieht eine genau definierte Belohnung nach sich. In vielen Märchen wird das so festgelegt.
Durch welche Tat die vorliegende Feenrettung bewerkstelligt wurde, soll hier im Dunkeln bleiben. Höflichkeit und Anstand verwehren die genaue Schilderung der Lage, aus der die Dame befreit werden musste. Auch die Fragen, warum sich die Märchengestalt in einer für sie untypischen Sphäre befand, genauer gesagt in einem der Paralleluniversen, die sich durch einen für sie ungewohnten Grad an Realität auszeichnen und welcher Weg sie dorthin geführt hatte, möchte ich nicht beantworten.
Ich freute mich sowieso nicht über diese Begegnung. Beim Anblick der Fee machte sich ein sonderbarer Geschmack nach altbackenem, ranzigen Streuselkuchen auf meiner Zunge und im Gaumen breit und ich sah dürre Großmutterfinger das Buch der Gebrüder Grimm umklammern, vernahm eine brüchige Altweiberstimme: „Merk dir die Moral von der Geschicht, sonst gibts was“, auf die Mütze, auf den Arsch, ins Gesicht oder sonst wohin. Bei solchen Erinnerungen kann einem beim Anblick des Feengesumses nur schlecht werden - das ganze Gedöns, die Schleiergewänder, das weiße dümmliche Gesichtchen, die Flatterei, das grässliche Märchengetue!
Trotzdem habe ich sie gerettet.
Dabei habe ich für so etwas eigentlich keine Zeit.

Wäre die Kleine eine Motte oder eine Fliege, könnte ich sie einfach weg scheuchen und zu meinen Tagesgeschäften zurückkehren, aber sie ist eine Fee und nicht gewohnt, verjagt

zu werden. Vielmehr betont sie ein Gefühl von Dankbarkeit, das sie tief im Inneren nun mal empfinde, da sei nichts zu machen, das ginge nicht so einfach weg. Auf die Errettung müsse unbedingt eine bestimmte Belohnung folgen, sonst würde sich die Situation nicht auflösen lassen.
„Meine Güte, wenn es nicht anders geht, dann soll es meinetwegen sein. Sag, was du zu sagen hast, Schleierumwobene."
„Du hast drei Wünsche!"
Damit wird das Bereits-Geahnte konkret, steht im Raum zwischen uns, diese Worte, hundertmal gesprochen.
„Drei! Und du hast jetzt drei Tage Zeit, genau zu überlegen."
Verblassend das winzige Puppengesicht, weißlich verschwimmend die Gesichtszüge rund um das spitze Näschen, das ein letztes Mal in den Raum stechend, sich mit einem leisen Plopp auflöst.
Wieso drei Tage Zeit? „Reichtum, Glück, langes Leben, aus!"
Weiß doch jeder.
Zu spät, sie ist weg.

Überlegungen: Tag 1
Reichtum?

Reichtum bedeutete, dass ein Jaguar XJ, ein Ferrari Portofino M, eine Harley Street Bob und zwei INDIAN Scout Bobber in meiner Garage bereitstünden, deren Ausmaß dem einer kleinen Autoverkaufshalle gliche, die dann aber gegenüber meinem jetzigen bescheidenen Häuschen so überdimensioniert wirkte, dass letzteres sofort abgerissen und durch eine Riesenvilla mit allem Drum und Dran: Swimmingpool, Minigolfanlage und Garten, in dem um ein Wasserspiel symmetrisch gruppierte Beete angeordnet wären, die mit Rosenzüchtungen aus aller Welt, mit Lilien und Astern bepflanzt wären, ersetzt werden müsste. Was die Villa beträfe, so würden sowohl deren Baustil als auch die Schonung der

Umwelt sorgsam bedacht und Naturmaterialien ausgewählt werden, die nicht nur nützlich, sondern auch schön wären, wobei Schönheit zeitlos zu sein hätte und nicht dem Geschmack der Mode folgte und daher keine zu bunten oder grellen Farben oder zu ausgefallene Erker oder Ausbuchtungen das Haus verunzierten. Ein ruhiges Ensemble schiene angemessen, dessen innere Stahlstruktur atemberaubend weite Räume erlaubte, dessen Außenverkleidung aber aus dezent silbergrau verwitternden Hölzern bestünde, das also insgesamt von derartigem Understatement zeugte, dass sich angesichts dieser wie selbstverständlich wirkenden luxuriösen Lebensart die Augen der Nebenanwohnenden mit Tränen von Ohnmacht und Neid füllten. Jedoch würde das daraus resultierende, aber letztlich schwer berechenbare Verhalten der solchermaßen Düpierten ein ausgeklügeltes Sicherheitssystem erfordern, welches sich nicht nur auf den Bau einer das Grundstück umschließenden vier Meter hohen Mauer mit mittig eingesetzten Sichtfenstern aus Panzerglas und einer Krone aus Glasscherben und Natostacheldraht, der Errichtung von vier Wachtürmen in jeder Himmelsrichtung und der Installation vieler Überwachungskameras beschränkte. (Selbstverständlich würden die, sowohl das gesamte Gelände als auch das Verhalten der eingestellten Wachposten minutiös erfassenden, Bilder in einem zentralen Raum im Inneren der Villa von geschultem Personal ausgewertet werden, wobei auch dessen Gebaren mittels sehr versteckt angebrachter Kameras von weiteren hochdotierten und angesehenen Personen mit sehr gutem Leumund überwacht werden müsste.)

Das allein genügte jedoch nicht, denn die Frustration der sozialen Umgebung bedingte außerdem die Anschaffung einer Gruppe Dobermänner, die seit Jahrzehnten zu Wachhunden gezüchtet, lautlos heran liefen und allenfalls die Lefzen zur Warnung ein wenig hochzögen, um dann ohne störendes Gebell den Eindringling in kleine Stückchen zu reißen. Eine

ebenfalls auf dem Anwesen befindliche Rotte Wildschweine vertilgte die Überreste, sodass keine Spuren nachzuweisen wären, außer vielleicht durch menschliche DNA in deren Fäces oder in übersehenen Fleischbröckchen, was relativ unwahrscheinlich und weitgehend auszuschließen sei.
Weitgehend, doch nicht gänzlich!
Unwägbarkeiten und Zweifel blieben, fräßen sich durch mein Gemüt, bohrten sich in meine Gedanken, beherrschten sie schließlich zur Gänze, oder zumindest derart, dass diese sich unentwegt in weiten, dann in immer enger werdenden Kreisen um eine übermächtige Furcht vor Entdeckung der Menschentötung und darauf folgender Verhaftung und lebenslanger Einkerkerung bewegten.

Ich wäre zwar reich,
aber paranoid.

Überlegungen Tag 2
Glück?

Es wäre nicht damit getan, einer momentanen Eingebung gedankenlos zu folgen, weil das Problem ja gerade darin liegt, dass sich das Wesen des Glückes durch Flüchtigkeit und Unbeständigkeit auszeichnet und das, was ich heute als beglückend empfinde, sich schon morgen als Sinnestäuschung, als unvereinbar mit meiner sonstigen Lebensführung oder gar als saudumm erweisen könnte. Beispielsweise könnte der Verzehr einer Thüringer Bratwurst heute pures Glück bedeuten, morgen aber üble Blähungen nach sich ziehen und würde überdies mit meinen Ansprüchen an moderne und humane Schweinehaltung kollidieren, vorausgesetzt, dass in der Wurst Schweinefleisch verarbeitet worden wäre, wobei sich mir bei Rindfleisch ähnliche Fragen nach artgerechter Haltung und Schlachtung stellten, ganz zu schweigen von dem Problem des Methanausstoßes der Tiere, der erheblich zur Veränderung des Klimas beitrüge und das Ende des Anthropozäns beschleunigen würde, obwohl d i e s e r Gedanke schon wieder etwas Tröstliches an sich hätte, zumindest für unsere Erde, die mit den vielen Kühen auch endlich das Krebsgeschwür Menschheit loswürde. Da ich keine Kinder habe und meinen sonstigen Verwandten nicht zugetan bin, müsste ich mir keine Sorgen um künftige Generationen machen, zumindest nicht um solche, die Teile meines Erbgutes in sich trügen, sodass mir die Entscheidung für die Thüringer leichtfiele.

Moment, heißt die nicht Rossbratwurst?

Auch das würde nicht viel ändern: Pferde in unserer heutigen Form sind ein Produkt unserer Zivilisation – sonst wären sie immer noch so klein und niedlich wie Hunde –, das heißt aber auch, dass sie als Wiederkäuer einen ähnlich hohen Methanausstoß haben wie Kühe, sodass sich an meiner Argumentation bezüglich des Rindfleisches und des daraus resultierenden Untergangs sowohl der Suidae, als auch der gesamten humanoiden, boviden und equiden Bevölkerung der Erde nichts änderte.

Gut, also ein Ja zur Wurst!

Der sich beim ersten Bissen auf der Zunge ausbreitende Geschmack erzeugte bei meinen entsprechenden Rezeptoren eine Reizung, die im Gehirn als höchst angenehm interpretiert werden würde. Der zweite Bissen würde ein positives Gefühl bewirken, das aber mit dem ersten Hochgefühl nicht vergleichbar wäre, der dritte Bissen würde auch noch zu guten Gefühlen führen, die ich aber nicht mehr mit dem Wort „Glück“ assoziieren würde, der vierte Biss in die langsam erkaltende Wurst wäre schon etwas unangenehm, beim Verzehr des letzten Wurstzipfels machte sich erstes Magengrummeln bemerkbar.

Ich müsste mir also eingestehen, dass – auch wenn die Weltsituation die Wahl der Wurst zuließe – sich deren Verzehr durch abnehmende Glückseligkeit auszeichnete, geschähe er täglich, so würde mir die Wurst bald schal und ihr Essen zur Qual.

Doch vielleicht wäre mir das Glück nur zu leicht in den Schoß gefallen? Was wäre, wenn ich es mir schwer hätte erarbeiten müssen?

Würde ich zum Beispiel unter Nichtbeachtung der nebenan hinaufführenden Bergbahn, auf endlos scheinendem Weg durch hohen, dann immer niedrigeren Baumbewuchs laufen, dabei die über meinem Kopf hinaufziehenden mit scherzenden Menschen bestückten Gondeln tapfer ignorieren und stattdessen meinen Blick auf die kleiner werdenden und zuletzt miniaturhaft wirkenden Kühe auf den unteren Almen werfen, dann die baumlose Zone erreichend, vorbei an Edelweiß und Enzian im Zickzack das obere Grasland durchqueren und mir den Schweiß von der Stirn wischend einem großen Vogel nachblicken, der – da schon in Österreich – ein Steinadler sein könnte, sich dann mit seinen gefächerten Schwingen doch als Bergdohle oder vielleicht Kolkrabe erwiese, so wäre ich zwar erschöpft, meine Beine schmerzten, meine Lunge pfiffe, aber ich wäre zumindest nicht unzufrieden. Erst recht, wenn ich endlich die felsige Zone erreichte und unter Aufbietung aller Kräfte und sorgsamster Überlegung stabile Vorsprünge und Spalten wählend, mich von einem sicherem Griff zum anderen hochziehend, atemberaubende Felspassagen meisternd, den Gipfel erklömme, um dort oben einen Augenblick lang Stolz, Genugtuung und vielleicht auch Glück zu empfinden.

Diese Gefühlsmelange – so müsste ich mir eingestehen – rührte von dem Anblick der wundervollen Natur, von der Genugtuung, alle Strapazen überwunden zu haben und zu einem sehr großen Teil vom Nachhall der tapfer überwundenen Gefahr her, denn ich habe mir beim Aufstieg ja nicht sicher sein können, einen Absturz zu vermeiden.

Wenn ich jedoch infolge der angesteuerten Wunscherfüllung quasi ein Abonnement auf das Gelingen des Unternehmens und auf das dadurch erzielte Glück hätte – und ich möchte ausschließen, dass der Sturz in den Tod das eigentliche Glück bedeutete – so würde das heißen, dass ich auf j e d e n Fall den Gipfel erreicht hätte. Kein Zweifel, kein Schaudern vor dem Abgrund, kein Erschrecken über brüchigen Fels, nichts hätte mich beunruhigen müssen.

Das aber
ist fad,
einfach
nur
fad!

Überlegungen Tag 3
Langes Leben?

In der Abwägung der Vor- und Nachteile eines langen Lebens muss ich mich auf die Aussagen älterer Menschen stützen. Die aber reden viel, sprechen von der Weisheit des Alters und davon, dass diese keinen interessiere, machen Witze über Alzheimer und Demenz, die ihnen selbst im Halse stecken bleiben, betrauern oder feiern den Verlust von Verwandten und Freunden, bewerten die Einsamkeit anders als das Alleinsein, negieren die Altersdepression oder ergeben sich ihr, schlucken eine Menge Pillen oder verweigern medizinische Hilfe, müssen aber in jedem Fall hilflos mitansehen, wie ihnen die Freiheit Stück für Stück genommen wird, wie ihre Bedeutung für Familie und Gesellschaft schmilzt, wie man sie übergeht, sie nicht mehr beachtet, wie Blicke an ihnen herabgleiten und dann abgewendet werden, wie tägliche Schmerzen an ihnen nagen, Krankheiten sie Stück für Stück auffressen, das Reisen, Feiern, Lieben und alles andere immer

mühsamer werden, die Lebenslust erlischt. All′ das mündet gemeinhin in dem Satz: Altwerden sei ja nun mal nichts für Feiglinge.
Leider wäre aber auch das vorzeitige Beenden dieses Übels keine Option. Jeder Selbstmordversuch würde das bleiben, was er ist, nämlich ein Versuch und daher eine misslungene Aktion, bei der man je nach angestrebter Todesart als vollständig Gelähmter im Krankenbett oder Querschnittsgelähmter im Rollstuhl endete, die einen auf jeden Fall aber nach dem Auspumpen des Magens, dem Abschneiden vom Strick, dem Herausfischen aus tiefem Wasser ins örtliche Krankenhaus und dann für längere Zeit in die Nervenheilanstalt brächte und zwar jedes Mal wieder, so oft man es versuchte, weil das lange Leben ja zur Gänze gelebt werden müsse, - egal wie.

Die üblichen drei übereilt geäußerten Wünsche wären also bei näherer Betrachtung keine gute Wahl. Scheint′s, dass ich an eine besonnene Fee geraten bin, der ich bei unserem Wiedersehen für meinen spontanen Ärger Abbitte leisten werde. Wenn ich es recht bedenke, könnte ich ein neues Motorrad brauchen, wäre gern immer gesund und würde mich auf gelegentliche Bergtouren mit Freunden freuen. Das wären drei gute Wünsche, da wird sie nichts dagegen haben.

Wo sie nur bleibt?
Die drei Tage sind fast um.
Ich warte bis Mitternacht, es ist eh′ schon nach zehn.
Noch eine Stunde, eine halbe, fünfzehn, zwei Minuten?
Mitternacht!
Ach herrjeh.
Sie kommt nicht.

Die hat mich versetzt!

ZUFLUCHT

ERSCHEINUNG, 2017

Drei Berge

Burgberg

Zur Burg ging es steil hinauf. Über uns erhob sich die hohe Außenmauer der Befestigungsanlage. Acht Meter hoch waren Bruchsteine verschiedener Größe und Form aufeinandergeschichtet worden. Vater hatte uns erklärt, dass die Erbauer in den Jahren 1060 bis 1070 nach Christi ein Branntkalk-Sandgemisch verwendet und den Mörtel mit allerhand abenteuerlichen Zutaten wie Eiern, Milch, Bier, Wein, Essig und sogar Urin versetzt hatten, oder mit Tierhaaren und gehäckseltem Stroh, der den Schwindrissen vorbeugen sollte. Bei jedem Besuch der Burgruine testete er unser historisches Wissen und fragte nach der Zusammensetzung des Gemisches. Mein Bruder und ich dachten uns immer neue Zutaten wie Quecksilber oder Kückenflaum aus, um ihn zu ärgern. So wie wir auch bei jeder Fahrt nach Norden zu den Verwandten mehrere Mittelgebirge durchquerten - fränkische Alp, Rhön, Westerwald - wir aber auf seine Frage hin den Himalaya, die Alpen oder Anden anführten.

An dem tagsüber geöffneten Tor mahnte ein Schild die Burgbesucher, sich anständig zu verhalten und auf den Wegen zu bleiben, Eltern hafteten für ihre Kinder. Damals lehnte auch noch das kleine Häuschen des Burgwächters an der Mauer. Eine blaurote Langnese-Reklamefahne hing über der tagsüber geöffneten Haustür und lockte zum Kauf von Eis und anderen Süßigkeiten. Unsere Groschen fest umklammernd wagten wir uns hinein und baten den alten

Mann hinter dem Tresen um ein Domino- und ein Caprieis oder eine Schleckmuschel, schoben ihm dann die Münzen hin und machten, dass wir wieder hinauskamen. Er wusste, dass wir nicht auf den Wegen bleiben würden und wir wussten, dass er es wusste. Wir hofften, dass die an uns verdienten Groschen ihn milder stimmten.

Weiter ging es bergauf. Wir schleckten an unseren Süßigkeiten und hielten den Blick fest auf den Weg gerichtet. Niemals wandten wir die Augen nach rechts, weil dort der Dorffriedhof lag und die Grabsteine herüber drohten. Denn nicht nur der alte Mann im Torhäuschen schaute uns hinterher, auch die Toten warfen ein strenges Auge auf uns und die konnten schließlich überall hindurch gucken und alles sehen. Zu unserem Glück waren sie tagsüber in ihren Gräbern eingesperrt.

Im ersten Innenhof war ein Brunnen, so tief, dass man den Grund nicht sah. Wir spuckten hinein und lauschten, dann warfen wir kleine Steinchen hinterher. Unser Vater hatte uns angewiesen, dabei zu zählen. Bei welcher Zahl das Platschen zu hören sei, so viele Meter läge der Wasserspiegel unter uns. Wir hörten nichts, der Brunnen reichte bis zum Mittelpunkt der Erde.

Durch ein weiteres Tor kam man zu der Zugbrücke, die über den Burggraben führte. Wir jedoch kletterten in die Senke hinunter, schlugen uns durch das üppig wuchernde Gebüsch bis zum Fundament der Brücke durch, schoben ein paar Zweige zur Seite und legten das kleine Loch frei, das sich ungefähr einen halben Meter über dem Boden in der Mauer befand. Vater hatte es bei einer unserer allerersten Erkundungen entdeckt. Er war in die Knie gegangen, hatte die Taschenlampe zwischen die Zähne genommen, den Kopf durch die Öffnung gesteckt und hineingeleuchtet. Das Loch war geradeso groß, dass ein schmaler Kinderkörper hindurch passte. Wir hatten lange bitten und betteln, zudem hoch und

heilig versprechen müssen, unserer Mutter nichts davon zu erzählen, bevor er uns erlaubt hatte, uns hindurch zu winden.
Der Raum dahinter war überraschend hoch und weit. Der Schein unserer Taschenlampe tastete das Gewölbe ab und fiel auf eine Treppe, deren Stufen aber schon nach kurzem vor einer zugemauerten Tür endeten. Der Boden war eben, ohne Schächte oder Fallgruben, nur ein paar Steine lagen herum. Drei Löcher in der Außenmauer ließen ein wenig Tageslicht herein, es herrschte leichter Durchzug. All das hatten wir unserem Vater haarklein berichtet, kein Detail ausgelassen. Er hatte eine Weile überlegt und uns zu unserer Überraschung nicht verboten, dort zu spielen, uns jedoch das Versprechen abgenommen, niemals allein hinzugehen.

Seitdem war dieser Raum unser Geheimversteck, in dem wir Feuer machten, Strategien zur Überwindung unserer Feinde ersonnen und uns Gewehre und Speere aus Holzstöcken bastelten. Nach der Lagebesprechung krochen wir hinaus, liefen über die Zugbrücke in das Innere der Anlage und kämpften auf den Wällen und Mauern gegen unsere Feinde. Wir machten viele Gefangene und sperrten sie in den Hungerturm, hinter dessen fünf Meter dicken Mauern sie elend verreckten.
Vater hatte uns sogar geholfen, in die Kapelle im ersten Stock des Hauptgebäudes zu gelangen, indem er uns die besten Tritte und Vorsprünge gezeigt hatte, an denen wir uns an der Außenwand hoch hangeln konnten. Nebeneinander hatten wir uns dann im ehemaligen Andachtsraum zu Fuß der zwei spitzwinkligen Fensterwölbungen niedergelassen. Von dort oben, vom höchsten Punkt der Burgruine auf der allerhöchsten Spitze des Berges, hatten wir – da die gesamte Vorderwand weggebrochen war – weit über die Donauebene geblickt. Von dieser Seite waren die furchtbaren Schweden im dreißigjährigen Krieg herangerückt. Das würde ihnen kein zweites Mal gelingen!

Kampenwand

Von Aschau im Chiemgau aus fährt man seit den 1950ger Jahren – und bis heute noch – in kleinen bunten Vierergondeln zur Kampenwand hoch. Diese Kabinen sind auf das Nötigste beschränkte dünnwandige Metallkonstruktionen, die Streben nicht mehr als fünf Zentimeter breit, die blecherne Außenhaut millimeterdünn. Sie erinnern an die Autos, die wir in den 1970gern fuhren, die 'Enten' oder R5s, in denen es auch keine Plastikspoiler, -wülste, oder -verkleidungen gab, die mehr Volumen und Sicherheit vorschützten. Wer mit der Kampenwandbahn fährt, muss der Standhaftigkeit von verzinkten Mittelblechen vertrauen und sein Leben in die Hände derer legen, die für die Instandhaltung verantwortlich sind.

Beim Anfahren schaukelten die Gondeln heftig. Zwei der drei mitreisenden Mädchen quiekten, das dritte blieb stumm. Schnell gewannen wir an Höhe. Die nahe der Talstation grasenden Kühe, stattliche Tiere mit mächtigen Leibern, ähnelten bald flaschenförmigen Gebilden und schrumpften schließlich zu weißbraunen Strichen und Punkten. Die Baumkronen glichen grünen Blumenkohlfraktalen.
Eine talwärts fahrende leere Kabine kam uns entgegen.
„Ach säß′ ich doch da drin“, seufzte die junge Frau mir schräg gegenüber, die bisher keinen Ton von sich gegeben hatte. Der furchtsame Ausdruck auf dem schmalen Gesicht ließ sie wie ein Kind wirken.
„Wie fühlst du dich?“, fragte die neben ihr Sitzende.
„Beschreib′ es genau“, forderte die dritte.
„Die Innenflächen sind ganz feucht. Fühlt mal.“ Sie streckte ihre Hände aus, aber die anderen ergriffen sie nicht. Sie zog sie wieder zurück und rieb sie aneinander, als wasche sie sie.
„Ich kann nicht hinunterschauen.“ Sie kniff die Augen zu.

„An dieser Stelle ist die Gondel letztes Mal stehen geblieben“, sagte eine der beiden Gefährtinnen. Ich sah hinunter, weit unter uns die dünnen Spitzen mehrerer Fichten, abschüssiger Untergrund. Keine Chance, sich abzuseilen, man hätte auf die Flugrettung warten müssen.
„Es hat lange gedauert, bis es weiterging“, fuhr sie fort.
Die Ängstliche seufzte wieder.
„Schau doch mal!“
Sie schüttelte den Kopf.
„Beschreib′ dein Gefühl, fass′ es in Worte. So wie wir das im Seminar besprochen haben.“
„Ein See von Angst, in dem ich ertrinken werde. Mein Herz rast.“
„Aber du ertrinkst nicht.“
„Nein, ich ertrinke nicht.“

Wir ließen den Wald hinter uns und kamen in ein sehr steiles Gelände. Neben uns klammerten sich Bergkiefern an den Fels, verhakten sich Gräser in engen Spalten. Wir passierten eine Seilbahnstütze. Die Schiene rumpelte über eine Reihe Führungsrollen, dann sackte die Gondel ab.
„Mein Gott“, wimmerte die Unglückliche.
Ich fragte sie, warum sie sich das antue. Überraschenderweise antwortete sie mir, behielt die Augen aber fest geschlossen. Sie wolle ihrer Angst zu Leibe rücken und hätte es sogar schon mit Fallschirmspringen versucht. Sie erzählte von den uralten Transportmaschinen, die in Klatovy kurz hinter der deutsch-tschechischen Grenze die Springer auf dreitausend Meter brächten und extrem klapprig wirkten. „Mir hat es aber nichts gebracht. Es war alles furchtbar, das Hochfliegen, der Absprung, der Flug, die Landung. Alles ganz, ganz furchtbar. Danach war nichts besser.“
„Du musst dir ausmalen, was das Schlimmste wäre, dass dir jetzt passieren kann“, schaltete sich die Freundin ein.
Ich sah hinunter: Wir befanden uns mindestens fünfzig Me-

ter über dem Boden, wenn über uns die Schiene aus der Führung spränge, stürzte die Gondel hinab und würde von den dünnen Baumspitzen nicht abgefangen werden können, da diese sofort abbrächen. Mit unverminderter Geschwindigkeit prallten wir auf den Boden, die Bleche würden sich von den Streben lösen und zerknittern, die gesamte Kabine böte nicht mehr Schutz als eine Pappschachtel. Wir wären jedoch in ihr gefangen, unsere Leiber würden zerquetscht. Mit Glück stürben wir noch auf der Stelle.
„Das kannst du doch nicht machen“, sagte die andere und nahm jetzt doch die Hand der jungen Frau, deren Kiefermuskeln deutlich hervortraten, so fest biss sie die Zähne aufeinander. „Denk´ an was anderes.“
„Nein“, wehrte die erste ab. „Das macht man so mit Phobikern. Die sollen sich das Schlimmste vorstellen und daran die Wirklichkeit messen. Dann geht es gleich besser. Also los!“
Das Opfer blieb stumm, konnte offensichtlich den Kopf nicht mehr bewegen. Eine Träne lief ihr über die Wange.
Ich dachte daran, dass es noch schlimmer kommen könnte, wenn beim Reißen des Führungsseiles die Gondel zwar nicht zu Boden stürzte, sondern entlang dem Halteseil mit zunehmender Geschwindigkeit nach unten rutschen und heftig auf die nächste Gondel, in der meine Familie saß, prallen würde. Daraufhin sprängen beide aus der Führung und fielen hinab. Es gäbe keine Rettung.

Der Seilbahn entronnen, kämpften meine Tochter und ich uns durch ein ausgewaschenes Bachbett, schlitterten über rutschigen Lehmboden, quälten uns über mehrere Geröllfelder bis zur Felsenregion hoch, meisterten dann einfache Passagen mit vielen Vorsprüngen und schwierige mit weit auseinander liegenden Tritten, zwängten uns schließlich durch einen Kamin. Wir passierten mehrere senkrechte Wände.

Schließlich standen wir neben dem Gipfelkreuz der Kampenwand, von dem aus es ohne jede Sicherung hunderte Meter in die Tiefe geht.
Vor fünf Jahrzehnten waren nur mein Vater und ich hier oben, heutzutage sind sich hier die Leute überall im Wege und bedrängen einander. Mir war es zu eng, ich fühlte mich nicht wohl, aber meine Tochter meinte, dass ich mich nicht so anstellen solle, der Opa wäre schließlich auf dem Kilimandscharo gewesen, d a s wäre was zum Angsthaben, und nicht so ein mickriger Hügel.

Zugspitze

Der Eingang der Partnachklamm wird von Gittern, Drehtüren, Kinderwägen, Kartenautomaten und Menschengruppen versperrt. Wir müssen Geduld zeigen, Schlange stehen, Nerven bewahren. Jetzt sind der Stau auf der Autobahn und der zähe Verkehr auf der Zubringerstraße überwunden, da schaffen wir das auch noch!
Um uns herum kleben Sandalen und Latschen an nackten Füßen, Mädchen tragen nichts als leichte Sommerkleidchen, Hunde und kleine Kinder wuseln zwischen den Beinen herum, eine Frau geht auf Krücken. Das Ticket für Erwachsene kostet sechs Euro, das für Kurgäste nur fünf. Im Ausgabeschacht des Automaten klimpert Wechselgeld. Ein Schild weist daraufhin, dass der Weg nicht für Kinderwägen geeignet sei.
Weiter geht es im Gänsemarsch über den schmalen Weg in die Klamm. Wieder und wieder müssen wir den Entgegenkommenden Platz machen, uns an die Felswand drücken, den Bauch einziehen, vorwurfsvollen Blicken ausweichen, weil wir ab und zu die Masken abnehmen, uns nicht an die während der Pandemie angeordnete Vorschrift halten. Die Stimmung ist angespannt.

Die Wände der Klamm rücken enger zusammen, berühren einander, nehmen das Tageslicht, auch stürzt das Wasser aus großer Höh`, zerstiebt an den fast senkrechten Wänden, schwängert die Luft mit feiner Gischt, verwandelt die Masken in nasse Lappen. Und unter und neben uns des Wildbachs wildes Schäumen, Tosen, Rauschen, Gurgeln, Seufzen. Da seufzen auch die Leute, weil es wieder mal nicht weiter geht in der Schlange, weil wieder einer sein Handy vors Gesicht hält und dumm grinst, die Finger zum Victoryzeichen formt, das Foto gleich auf Instagram und auch noch auf facebook postet, ja auch dort muss es zu sehen sein, obgleich bei facebook ja nur noch die Alten sind, aber ja, dann sieht es gleich die Mutter daheim. Oder der besonders schöne Winkel wurde gefunden, der perfekte Bildausschnitt, die geniale Komposition - wofür sonst die ganze Müh´?
Es geht in den Fels hinein, Passagen ohne Lampen, Stollen ohne Licht, nur der schwache Schein der Handys weist den Weg, unsere Köpfe bleiben immer eingezogen, man weiß nie. Die Kinder stoßen sich nicht die Schädel, die sind ja noch so klein. Beim starren Blick nach oben stolpert man leicht über das, was unter einem am Boden wuselt, versetzt ihm vielleicht sogar einen unbeabsichtigten Tritt. Daher werden die kleinen Kinderhändchen von den Eltern fest umklammert: Nur nicht loslassen, sie sind so klein, sie würden unter dem Handseil hindurch rutschen. Nicht einmal ein anständiges Geländer gibt es hier! Der Wildbach wird sie ergreifen, untertauchen, nicht mehr freigeben!
Die Hündchen leben sicherer, aber nur, wenn ihre Halsbänder eng genug sind, da können ihre Besitzer sie wieder aus dem Bach ziehen, auch wenn es sie dabei ein wenig würgt. Schaurig ist es in der Partnachklamm und doch auch wieder schön!

Vom Eibsee aus müssen wir in zehn Minuten auf der Zugspitze sein, denn die Zeit drängt, wenn alles an einem Tag erlebt werden will. Nachhause zu droht schon der nächste Stau. Die neue Bahn hält drei Weltrekorde: einen für die mit hundertsiebenundzwanzig Metern höchste Stahlbaustütze für eine Pendelbahn, einen für die Überwindung des mit eintausendneunhundertfünfundvierzig Metern größten Gesamthöhenunterschiedes zwischen Tal und Bergstation und einen für das weltweit längste Spannfeld von dreitausendzweihundertdreizehn Metern. Eine Meisterleistung, alles ist möglich in der heutigen Zeit, es gibt keine Grenzen.

Im Boden der Kabine ist ein Glas eingesetzt, durch das man in die Tiefe sehen kann. Meine Tochter stellt sich mitten drauf und erträgt das Unwohlsein, die Spannung, das Aufbegehren des Körpers, das Läuten sämtlicher Alarmglocken, aber nur kurz, dann weicht sie wieder aufs Blickdichte zurück. Ein kleiner Junge ist viel mutiger, unbekümmerter, ist ja auch ein dummes Kind und nicht so schwer, hüpft zehn-, zwanzigmal auf dem Glas herum, bis ihn die Eltern wegzerren.

Noch einmal Luftschnappen, Herzstolpern, als die weltrekordhohe Stahlstütze passiert wird und die Kabine ins Schwingen gerät, es ist eben eine Pendelbahn, hundertzwanzig Leute und ein Fahrgastbegleiter, die pendeln alle mit, das ist von den Ingenieuren berechnet. Gleich schlägt das Herz wieder ruhiger!

Die letzten Meter vor der Bergstation, fast ist es geschafft!

Doch plötzlich stoppt die Kabine und verharrt still. Ein Malheur, ein Fehler so kurz vor dem Ziel, ein Ruckeln, ein Zuckeln, dann geht´s per Sturzfahrt zweitausend Meter ins Tal zurück?

Doch nein, das ist es nicht. Der schroffe Fels, die spitzen Grate sind zu nah herangerückt, wie Krallen fingern sie nach uns; jetzt darf nicht mehr gependelt werden, nicht in dieser Höhe, nicht kurz vorm Ziel. Zentimeterweise geht es daher weiter, unmerklich fast das Innehalten auf Höhe des Perrons.

Die Glastüren gleiten zur Seite. Nur hinaus aus dem Käfig und auf sicheres Terrain!
Hier endlich wird man innehalten, sich beruhigen und entspannen können, dann umherschauen und erste Schritte setzen.
Der Boden ist aus Beton und wackelt sicher nicht.

Doch auf der Bergstation ist rundum nur Glas, der Sicht stellt sich kein Hindernis entgegen, die Blicke stolpern und taumeln haltlos ins Freie.
Hier balancieren, zwar sorgsam austariert, - weltbeste Ingenieure haben es getestet und für gut befunden - , viele Tonnen Stahlbeton auf einem spitzen Felsgrat, ähnlich einer Wippe auf einem Kinderspielplatz. Doch wohin wird es wippen, wenn es stürmt?
Und damit nicht genug, kurz vor dem niedrigen Geländer, an das man nicht heranzutreten wagt, weil starker Wind einen vielleicht vornüber kippen lässt, kurz davor am Boden droht und gleichzeitig verlockt schon wieder so ein vermaledeites Glasgeviert.

Und jetzt stehe i c h auf einem Nichts über zweitausend Meter Höllenschlund, wo es so tief hinuntergeht, dass beim Fallen alle Gliedmaßen hilflos rudern und der Körper sich unentwegt um die eigene Achse drehen, an den scharfen Felsvorsprüngen entlang schrappen und bis zum Eibsee runter rollen wird, um dort im Wasser zu versinken.
Es hilft auch nicht, die Augen zu schließen.
Alles muss ich mir ansehen, den gezackten Horizont, die Staffelung der Berge in verschiedenen Blautönen von dunkelblaugrün, zu blau mit weißen Spitzen, zu hellblau, zu milchig verschwimmendem Graublau bis hin zu den Wolken.
Wofür wär´n wir sonst hier?

IM GEBIRGE

DREI GIPFEL, 2006

AUF ZUM PROPHET, 2020

Die drei inneren Kreise der Hölle

Dorf – Haus - Küche

Die Bundesstraße wird durch Baken eingeengt und Autos aus beiden Richtungen drängeln sich auf einer Fahrbahnspur. Die andere wird neu geschottert, gewalzt und geteert. Obwohl man die Schäden vorher nicht gesehen hat, sei die Maßnahme schon lange überfällig gewesen, verteidigt sich das örtliche Straßenbauamt: Dreißig Jahre wären viel zu lang für einen Fahrbahnbelag, der gehöre erneuert und dann die ganzen Spurrillen, Sie wissen schon, die schweren LKWs aus dem Wald und Tschechien. Unhaltbare Zustände – in jeder Hinsicht! Und die Gelder seien ja auch schon bewilligt worden, weil die nahe Kreisstadt so eine Boomtown sei und die Grundstückspreise überall in die Höhe schössen und damit sie noch weiter stiegen, brauche es halt die gute Anbindung. Da fahre es sich auf der Bundesstraße dann wie auf einer Autobahn und das Ganze dauere ja nur bis Dezember nächsten Jahres.
„Wir arbeiten für Sie!“ steht auf einem Schild.

Viele Ausfahrten sind gesperrt, Umleitungen schlecht ausgeschildert, auch scheinen die Hinweise wenig glaubhaft. Nach W. ginge es nicht direkt, sondern durch die Dörfer F., K. und R.? Im Ernst? Ich glaub´ es nicht!
Ja doch, die Bundesstraße führt an W. vorbei. Alle Ausfahrten sind versperrt, keine Chance, in einen Feldweg abzubiegen und auf Schleichwegen ins Dorf zu gelangen. Erst fünf Kilometer weiter, im Dorf B. gibt es einen Abzweig und ein

Sträßchen durch Wälder, Berge und Industriegebiete zurück nach W.
Es wäre besser gewesen, wenn ich den vorgeschlagenen Weg über die Dörfer F., K. und R genommen hätte, um mich W. quasi von „hinten" zu nähern, um dort schmale Wohnstraßen zu durchpflügen. Zu spät.

Schließlich geht es auch auf der Umleitungsroute nicht mehr weiter. Der medizinische Notdienst blockiert die Fahrbahn, weil er eine alte Frau auf einer Bahre quer über die Straße zum wartenden Sanitätswagen schieben muss.
Am liebsten würde ich umkehren und wieder nach Hause fahren, doch Probleme mit den Mietern zwingen mich, in meinem Elternhaus nach dem Rechten zu sehen.

Der Weg von W.s Zentrum – kann man es Zentrum nennen, wenn das Ratshaus an der Durchfahrtsstraße steht und sich die Straße nicht einmal zu einem Platz weitet? - zu dem auf einem Berg gelegenen Ortsteil führt durch die für diese Gegend typische Ansammlung überwiegend weißgetünchter Einfamilienhäuser. Hinter stabilen Einhegungen: graue Planken quer oder hoch - Jägerzäune hingegen sind ja so was von out! - Mauern aus Gabionen, Doppelstabmaschendrahtgeweben und Gittern aus blank gebürstetem Edelstahl liegen Vorgärten mit verstümmelten, kleinen Bäumchen, knapp über dem Boden abgetrennten Sträuchern und einem noch schnell vor dem Wintereinbruch kurzgeschorenen Rasen. Daneben weiten sich geteerte oder gepflasterte Einfahrten zu behäbiger Breite, und vor voluminösen Garagen warten eiförmige kleine und große Autos. Einer der Eheleute fährt immer einen SUV, auch beim Nachbarn.

Zwei massive Aufpflasterungen vor der Grundschule zwingen zum Bremsen und vorsichtigem Fahren. Wenn ich mich weit rechts hielte, müssten sich nur zwei Reifen über das

Hindernis quälen, doch eine Bake am Straßenrand gestattet kein Ausweichen. Der Wagen holpert darüber. Eine Frau schiebt einen Kinderwagen auf dem Bürgersteig und wirft mir vorwurfsvolle Blicke zu.
Die Straße steigt steil an, windet sich um eine enge Kurve, vom vierten Gang geht es in den dritten, dann erreiche ich den hochgelegenen Ortsteil, der sich in der dichten Bebauung nicht vom unteren W. unterscheidet. Der Anteil neuerer Häuser ist etwas höher, doch gibt es keine großen Unterschiede zwischen den zweistöckigen streng in Reihe ausgerichteten Einheitsbauten der letzten Jahrzehnte. Ein rot oder braun gedecktes Satteldach zieht sich zum ersten Stock hinunter, und ist mit kleinen Gauben versehen. Nur das Wohnzimmerfenster im Erdgeschoss zur Terrasse hin ist etwas größer, allerdings oft durch Sprossen unterteilt, ganz im Stil der neuen Spießigkeit der 1980ger, als man wieder zum Biedermeier zurück fand.
Ans Haus angelehnt ist die Garage, stilistisch eine kleinere putzige Ausgabe des Haupthauses. Zwischen beiden Gebäuden führt eine Tür mit Rundbogen zum hinteren Teil des Gartens, in dem jede Familie ihre eigenen Spielgeräte installiert hat, damit keiner auf den öffentlichen Spielplatz angewiesen ist und sich mit Kindern ungewisser Herkunft abgeben muss.

Vor einem oberbayrisch anmutenden Bau mit einer Verschalung aus angeblich antiken Holzbalken und einem niedlichen kleinen altböhmisch anmutenden Türmchen auf dem Schindeldach, steht ein Brett mit der Inschrift „Lumpenmacherei“. Darunter blähen sich fünf Küchenhandtücher im Wind. Ein paar Meter weiter steht eines mit „Bixnnmacherei“, an dem Metallbüchsen klimpern.
Es schient den Eltern des Jungen bzw. des Mädchens (abwertend „Büchse“ genannt) offensichtlich ein Anliegen zu sein, aller Welt ihre erfolgreiche Vermehrung kund zu tun und das

Geschlecht ihres Kindes entgegen moderner Ansichten über biologische und soziale Geschlechter von vornherein tief ins Holz zu kerben. Da kriegen der Burschi und das Mädl es schwer wieder raus, wenn sie sich dann mal zum Transgendern entschließen!

Das mit den Brettern wäre hier so Tradition, verteidigen sich die Eltern mit feucht schimmernden Augen, weil wegen der Rührung über das Altvordere, dem Heimatgetue und der Verzweiflung über andauernden Schlafmangel zahlreiche Tränen in den Augenwinkeln lauern und gar zu gern herabkullern würden.

Doch das ist ein Irrtum. Das Dorf W. liegt nämlich n i c h t im tiefen bayerischen Wald oder weit hinter den sieben Hügeln im Zuckerrübenland – und selbst in diesen Kuhdörfern kämen nur sentimentale Zugereiste auf solche Ideen – sondern es klebt an der Bundesstraße, nicht mal zehn Minuten von der Stadt entfernt, ist also keineswegs ländlich, sondern eher eine Vorstadtsiedlung. In Vorstädten pfeift man noch viel mehr auf bäuerlich Althergebrachtes als auf dem Land und auf dem Land hat man eh′ Besseres zu tun.

Auch kennen die wenigsten heutigen Alten solche Geburtsanzeigebretter aus ihrer Jugend: Was für Lumpen denn, wieso Lumpen bei einem Buben?

Dass Mädchen keine Büchsen sind, in die Mann etwas reinsteckt, war ihnen allen spätestens seit den 70gern, seit Alice Schwarzer klar. Hätte damals einer so ein Schild aufgestellt, wäre ihm massive Gegenwehr begegnet – überall, selbst auf dem Land.

Weder diese Tradition noch das oberbayerischböhmische Schindelhaus sind also echt, sondern nur nach irgendeiner Vorlage gestaltet, über die keiner groß nachgedacht hat.

Ja, bin ich denn in Disneyland?

Und bei all diesen aufgepfropften Traditionen muss man zu dieser Jahreszeit ja auch noch befürchten, dass ein paar Perchten um die Ecke springen. Die haben ihre halb fertigen Holzmasken in einem riesigen Supermarkt in Österreich gekauft und dann zuhause nur noch ein wenig nachgeschnitzt, das Grausige individualisiert, dann noch ein paar Flokati zu einem Pelzgewand zusammenfügt und schon kann eigentlich nichts schief gehen. Da gruselt es sich angenehm zu dunkler Zeit.

Ja, ist denn bald Weihnachten?

Fast, der Weihnachtsmarkt wird Anfang November für zwei Tage aufgebaut - dazu wird die Durchgangsstraße gesperrt, aber das ist man hier ja gewohnt - danach zieht er weiter, gastiert an jedem Wochenende in einem anderen Dorf. Die Anwohner drängen sich zwischen bunten Buden, trinken ein paar Schoppen sauren Glühweins, essen Bratwurstsemmeln mit allem - sonst essen sie sie nur mit einer Sorte Senf, aber am Weihnachtsmarkt mit süßem und scharfem, Meerrettich und Gürkchen, kleckern den Batz auf den neuen Wintermantel. Aber alles in Zeitraffer, denn schon ist er wieder weg, der Weihnachtsmarkt und mit ihm die ganze schöne Stimmung und dann sieht man wieder nur das Rathaus und dass dem Dorf der Dorfplatz fehlt.

Haus

Das Haus ist im Stil der 1980ger gebaut, wirkt gediegen, weist das ortsübliche Satteldach mit dunkelbraunen Pfannen auf und überdies dicke Mauern und kleine Fenster, die wenig Licht ins Haus lassen. Gänzlich überwunden scheint auch hier der angeblich „freudlose Funktionalismus" mit seinen breiten Fensterfronten; ins heimelige Haus darf nicht viel Sonne rein.

Die Eingangstür beschirmt ein geschwungenes Vordach, das von einer Ansammlung Metallschnörkeln getragen wird, die ein Kunstschmied offenbar extra anfertigte. In gleicher Weise schnörkelt das schmiedeeiserne Treppengeländer und die Haltevorrichtung der Laterne über der Haustür. Sogar das Licht schnörkelt sich durch grünliche Butzenscheiben. Es sieht aus, als wären eine Vielzahl gläserner Flaschenböden aneinander geklebt worden, wie man sich es im Mittelalter - zum Beispiel in der neunhundert Jahre alten Wurstkuchl in der nahen Stadt – nicht schöner hat zusammenbasteln können. Eine Hängelampe im Eingangsbereich nimmt das Schmiedeeiserne der Außendekoration auf, weist zwölf weitere, aber etwas simpler gestaltete Kringel auf und wirft trübes Licht auf den am Boden und den Treppenstufen verlegten Jurakalkstein aus dem Altmühltal - dem mit den Ammoniten und Belemniten, beige gebürstet.
Das Treppenhaus ist vom Keller bis zum Dach offen. Aus dem einst überfluteten und jetzt schimmligen Kellerräumen – die die Eltern offenbar nie richtig ausgetrocknet haben, weil sie das Geld für die Trockenmaschinen sparen wollten, dabei hätte ja die Versicherung für alles aufkommen müssen – steigt Modergeruch ungehindert nach oben und sticht jedem in die Nase, der nicht an einer umfassenden olfaktorischen Behinderung leidet. Einen vollen zweiten Atemzug mag man hier nicht schöpfen.

Eine weitere Tür mit Bleiverglasung – diesmal sind es statt geschätzten hundertzwanzig grünlichen nur sechs bräunliche Flaschenböden, die von zwölf rechteckigen Scheiben Schlierenglas umrahmt sind – führt in einen zweiten rechteckigen Flur, von dem sechs Türen abgehen, eine davon ebenfalls mit streifigem Glas bestückt, die anderen fünf sind aus Pressholz. Zum Öffnen der Türen müssen s-förmig geschwungene Messingklinken niedergedrückt werden.
Da der Raum sonst keine Fenster hat, wird ihn das durch die

Glastüren einfallende Licht selbst bei hellstem Sonnenschein nicht erhellen. Die in ihrer Form einer auf dem Strand gestorbenen Qualle ähnelnden Deckenleuchte wirft daher ohne Unterlass beigegrautrübes Licht auf beigegrauen Fliesenboden.

Die Keramikplatten in Bad, Gästetoilette und Küche sind ebenfalls beigegrau, allerdings in unterschiedlichen Schattierungen.

Im Bad ist bis zur Decke hoch gefliest. Spritzer, Flecken und sonstiger Schmutz können somit rückstandsfrei abgewaschen, die Platten blank poliert werden. Doch anders als in einem Schlachthaus unterbricht hier in regelmäßigen Abständen eine Kachel mit ausschweifendem, aber achsensymmetrischen Blumenornament (kleine weiße Blüten sowie bräunlich abgestorbene Pflanzenteile sind ebenfalls Teil des Bouquets) die unifarbenen Reihen. Becken und Toilettenschüssel sind im gleichen Farbton gehalten und erst beim genauen Hinsehen als solche erkennbar. An der Tür ist ein eierschalenfarbenes Keramikschild mit goldener Aufschrift „Bad“ angebracht, darunter kuscheln sich zwei Spatzen aneinander.

In der Gästetoilette werden die Fliesen an Boden und Wänden von Heckenrosenarrangements bedeckt – die Blüten der Rosen bestehen aus wahllos hingehauchten Farbklecksen, der Stempel in der Mitte wird durch drei dunkelbraune Punkte symbolisiert. Das zarte Braunrosa der Heckenrosen findet einen überraschend intensiven Kontrapunkt im leuchtenden Pink von Waschbecken und Toilettenschüssel. Eine farbliche Komposition, die vermutlich die Peristaltik des Darms negativ beeinflussen wird. Das eierschalenfarbene Keramikschild an der Tür weist mit goldenen Lettern auf seine Bestimmung hin, das „WC“ ist von mittelbraunen Blüten und Schnörkeln umrahmt.

Sämtliche Räume im Erdgeschoss haben mehr oder weniger nachgedunkelte Holzdecken – die Töne variieren dabei von fahlem Beige, über Honig-, zu Kackbraun. Die Raumhöhe wird dadurch gefühlt um einen Meter reduziert, was wohl eine gewisse Nut-und-Federbretter-Skihüttengemütlichkeit evozieren soll.
An den Wänden wurde eine spezieller Rauputz aufgebracht, der kleine Kerben und Rillen aufweist, in denen sich Spinnweben verfangen. In den Zimmern stehen keine Möbel, nur in den tief eingeschnittenen Fensteröffnungen – die Außenmauern sind vierzig Zentimeter dick – drängen sich auf breiten marmornen Fensterbänken Blumentöpfe mit vertrockneten Pflanzen.
Im Schnittpunkt von Flur, Küche und Wohnzimmer befindet sich der Kamin und ein Kachelofen, der vom Flur aus beheizt wird. Der Teil des Ofens im Wohnzimmer ist hellockergräulichbeige gekachelt, der in die Küche ragende Teil dunkelgrün. Alle Keramikplatten haben in der Mitte eine runde Vertiefung, die dem Ofen zu einer löchrigen Optik verhilft. Es gibt kein Kaminholz. Trotz der voll aufgedrehten Zentralheizung ist es kalt.

Küche

Den größten Teil des Bodens bedeckt ein alter dunkelroter Teppich mit bräunlichen Blumen- und Blätterranken. Die Bordüre an seinem Rand wirkt tröstlich vertraut, aber in dieser Umgebung seltsam hilflos. Auf einem Stuhl am Fenster steht ein großer Topf mit einer hohen Avokadopflanze, die mit drei Bändern an einem Stock festgebunden ist.
Rechts und links neben einer metallenen Küchenuhr hängen zwei Bilder, ein blau-schwarzer Männerkopf mit einer rotschwarzen HD-Brille in sparsam comic-haftem Stil und eine heftig bunte, naive Blumendarstellung – neun Blüten in der

Mitte werden von weiteren acht auf einem speckig glänzenden gelben Rahmen bedrängt. Neben der Tür hängt ein Druck mit zwei aufrecht stehenden und einem umgefallenen Fliegenpilz.
Auf dem Küchentisch liegt eine Wachstuchdecke, die mit Automotiven bedruckt ist. Jeweils fünf rote Oldtimer in Seitenansicht wechseln sich mit vier gelben in Frontansicht ab. In der Reihe daneben sind fünf grüne Oldtimer von vorn und vier hellblaue von der Seite gezeigt, auf der Decke summieren sich vierundfünfzig alte Opel. Dazwischen gibt es Schriftzüge wie „Super speed“, „1950“, „Powerstyle announcement for 1956“ und „COOL 50´s CARS“, sowie imitierte Zeitungsannoncen aus amerikanischen Zeitschriften der 50ger Jahre und Schilder mit Autokennzeichen aus Ohio und Arizona.

Sitzecke
Die hölzerne Leiste der Rückenlehne bildet eine lebhaft geschwungene Linie – da geht es wild auf und ab – gipfelt in der Ecke in einem achsensymmetrischen Pflanzenornament und schwingt zum anderen Ende der Eckbank aus. Einzelne Schnörkel sind hie und da zusätzlich eingearbeitet, ebenso in der gerundeten Seitenleiste der Sitzfläche. Das Holz könnte Eiche sein, das Möbelstück erweckt einen durch und durch stabilen Eindruck und ist für eine Ewigkeit gemacht, aus der es kein Entrinnen zu geben scheint.
Das Polster ist mit einem schmuddelig braungrauen Velourstoff bezogen. Auch hier schlängeln sich Blätterranken in wild barocker Auffassung und gräulich orange Blütenrispen werden von stilisierten Beeren bedrängt. Jeglicher freie Raum dazwischen ist mit Ornamenten gefüllt.
Bei den Stühlen ist das Verhältnis von schmückenden Seitenleisten und Polsterung zugunsten der Schnitzarbeit verschoben. Jeder hölzerne Teil daran ist geschwungen, geschnitzt und gedrechselt. Bei einem Stuhl zeugen ein paar Flecken auf

dem Polster von unachtsamer Behandlung, jedoch ist der abgebrochene Teil der Rückenlehne sorgsam mit einem Nagel und Klebstoff fixiert.
Generationen haben auf dieser Sitzecke gesessen, getrunken und gegessen. Doch schließlich gelang es ihnen wider Erwarten, sie hinter sich zu lassen und weiterzuziehen.

Im oberen Stockwerk wohnt eine Maus zur Untermiete. Man hört sie duschen, umher trippeln und die Treppe hinunter eilen, um zu ihrem Mausauto in der Garage zu gelangen. Danach fährt sie mit angestrengtem Mausgesichtsausdruck weg.

Sudoku

Seit einer Woche war Hannelore nun in der Rehaklinik „Zur inneren Ruhe“ im bayerischen Wald. Sie hatte sich zwar für das Kurheim des Professor S. am Tegernsee beworben, war aber in die Einöde geschickt worden. Für drei Wochen. Mindestens. Mit der Option auf Verlängerung. „Wenn sie den Kuraufenthalt vorzeitig abbrechen, bekommen Sie mächtig Ärger mit mir“, hatte die Dame von der Krankenkasse erklärt. Das einzig Gute an der Klinik war, dass sie nur hundert Kilometer von Hannelores Wohnung entfernt lag, sodass sie ab und an einen Tagesausflug nachhause würde machen können, um sich dort von der Erholung zu erholen.

Man hatte sich nicht die Mühe gemacht, das frühere Kreiskrankenhaus baulich viel zu verändern. Die Tristesse typischer 70er-Jahre-Architektur war originalgetreu erhalten geblieben: eierschalenfarbener Anstrich, pflegeleichte PVC-Flächen, jegliche architektonische Raffinesse und spielerische Verzierung, die das Ganze gefälliger gemacht hätten, fehlte. Nur ein Schwimmbad war dazugekommen, das aber zurzeit nicht in Betrieb war.
Der in der Broschüre beworbene „zum Lustwandeln einladende“ Park erwies sich als öde Grünfläche zwischen sieben Bäumen, bestückt mit drei Bänken und einer steinernen Tischtennisplatte, deren Netzgitter aus gestanztem Alublech bestand. Der die Klinik umgebende Wald war eine Fichtenschonung, in der die Bäume in Reih und Glied ihrer Abholzung entgegenwuchsen. Weitere optische Anreize gab es nicht.

Gleich am ersten Tag war Hannelore ausführlich von einer jungen Ärztin beraten worden. „Jetzt sind Sie vollumfänglich 'gebrieft'", hatte diese erklärt und ihr einen Genesungsplan vorgelegt.
Hannelore musste zunächst eine Reihe von Vorträgen besuchen, in denen man ihr die möglichen Ursachen der Krankheit erklärte und auch gleich erläuterte, was ab jetzt zu tun sei: „Essen Sie möglichst fett-, salz-, zucker- und kalorienarm, meiden Sie alles, was gut schmeckt, selbstverständlich gibt es keinen Alkohol, Nikotin oder gar ausschweifendes Sexualleben mehr, dafür regelmäßigen Sport, aber auch da nichts, was Spaß macht, am besten wählen Sie den langweiligsten Ausdauersport, den es gibt, fahren Sie doch Rad oder ja, walken sie mit diesen langen Stöcken, damit sehen Sie zwar lächerlich aus, aber das sollte Ihnen doch egal sein, Gesundheit ist alles, ohne Gesundheit ist alles nichts und die gibt es nun mal nur beim Stuhlkreis mit der Psychologin, im Glauben an Gott, an die Jungfrau Maria, an die Feldenkraismethode und ähnlichen Therapien, beim Hämmern auf Klangschalen, Schwingen bunter Tücher, Werfen bunter Bälle, Denken bunter Gedanken und der Atemmeditation oder dachten Sie etwa, Sie könnten hier so unbedacht weiteratmen?"
Die Kreativwerkstatt Literatur: 'Schreiben Sie sich Ihren Kummer von der Seele' meinte Hannelore hingegen vermeiden zu können. Auch der kunsttherapeutischen Anweisung zur farblichen Ausgelassenheit: 'Malen mit den Farben des Regenbogens' verweigerte sie sich.
Daraufhin musste sie wieder bei der jungen Ärztin antanzen, die darauf bestand, dass eine bestimmte Anzahl von Angeboten angenommen werden sollte. „Sie wissen ja, die Krankenkasse, die schaut da drauf. Sie müssen schon an ihrer Genesung mitwirken, von allein kommt nichts und ihre Arbeitskraft soll wieder vollumfänglich hergestellt werden und dann sind sie ja auch glücklicher und zufriedener und die Lebensqualität verbessert sich. Besonders bei Ihrer Diagnose, ach ja, Kopf hoch."

Hannelore hatte sich daher bei allen sportlichen Aktivitäten eingeschrieben: „Vielleicht angel ich mir ja einen Kurschatten!“
Der Gymnastikkurs dämpfte Hannelores Erwartungen. Nach zwei Runden in der kleinen Turnhalle waren die drei teilnehmenden Männer bereits außer Atem. Von zwanzig Kniebeugen wurden auf zehn verzichtet, das Rumpfbeugen misslang wegen übergroßer Körperfülle und an Klimmzüge war nicht zu denken. Nur beim Schwenken bunter Tücher ließen sie eine Grazie erkennen, die auf heimliches Stoffwedelüben schließen ließ.
Am Qigongkurs nahmen drei andere Herren teil, allesamt über siebzig und unglaublich ungelenk. Hannelore hatte zwar kurz über Tantrayoga nachgedacht, den Gedanken aber, als einer von ihnen bei einer Drehbewegung einen lauten Schmerzensruf ausstieß, sofort fallengelassen. Der Gedanke an einen Bandscheibenvorfall beim Liebesspiel, der das Herbeirufen des Klinikpersonals nach sich zöge, ließ sie schaudern. Am Wochenende war Hannelore daher nach Hause gefahren und hatte neben ein paar speziellen Utensilien, die ihr das Meistern jeglicher Lebenssituation ermöglichen würden, eine ansehnlichen Menge Gemütsaufheller eingepackt.

Jetzt war Montagmorgen, der Klinikalltag hatte sie wieder, die Vögel zwitscherten unverschämt laut und Helligkeit quetschte sich durch die Löcher in der Jalousie. Hannelore drehte den Kopf zur Seite, konnte aber nicht wieder einschlafen. Sie wusste, dass der Sonnenstrahl Schwester Angelika anlocken würde, die bald die Zimmertür aufreißen und ein dröhnendes „Guten Morgen, Frau Koslowski, was für ein schöner Tag heute“ ins Zimmer schmettern würde. Sie hörte deren Schritte auf dem Flur, sie polterte bereits ins Nebenzimmer. Hannelore schlug die Bettdecke zurück und lief ins Bad.
Schwester Angelika stürmte ins Zimmer. Hannelore ver-

schloss schnell von innen die Badezimmertür und verfluchte einmal mehr ihren Hausarzt, der sie zum Abstand vom Arbeitsalltag in ihrer Apotheke und zu dieser Kur überredet hatte. Besorgt hatte er geklungen, jeder war besorgt wegen der Krankheit und hinderte sie daran, den ganzen Ärger einfach zu vergessen. Hätte sie mehr Nervenstärke besessen und sich nicht einschüchtern lassen, säße sie jetzt nicht hier.
„Geht es Ihnen gut, Frau Koslowski?", Schwester Angelika rüttelte heftig an der Badezimmertür.
„Ja ja, schon gut. Ich würde gern in Ruhe pinkeln!"
„Es ist so ein schöner Tag heute", schrie Schwester Angelika, weil sie annahm, dass alle Patienten ohne Ausnahme schlecht hören.
„Mir doch wurscht!", brüllte Hannelore zurück.
Sie beobachtete durchs Schlüsselloch, wie Schwester Angelika sich eine mit Stanniol umwickelte Eierlikörpraline aus der offenen Konfektschachtel auf dem Tischchen nahm und in ihre Kitteltasche gleiten ließ. Erst als die allmorgendliche Heimsuchung ihr Zimmer verlassen hatte, kam Hannelore aus dem Bad. Ein unangenehmer Kernseifen-Schweiß-Hagebuttentee-Geruch hing im Raum. Sie riss die Flügel beider Fenster auf.

Nach dem Absolvieren ihres Tagesprogramms begab sich Hannelore am späten Nachmittag in den Teesalon und schnappte sich die Tageszeitung, die auf einem kleinen Tischchen lag. Beim Durchblättern entdeckte sie unterhalb des bereits gelösten Kreuzworträtsels zwei Gitternetze von drei mal drei Abteilungen mit jeweils drei mal drei Feldern, in denen – nur scheinbar wahllos – bereits ein paar Zahlen eingetragen waren.
Die äußeren Rahmenlinien hatten eine etwas dickere Stärke, waren auch etwas dunkler und fassten die jeweiligen symmetrischen Gebilde zu Rastern zusammen, die mit weiteren Zahlen gefüllt werden mussten. Jedoch nicht mit beliebigen.

Jede Reihe und jede Spalte musste die Zahlen eins bis neun enthalten, ebenso die Drei-mal-drei-Felder. Dabei durfte jede Ziffer nur einmal vorkommen, was sich aber eigentlich von selbst verstand. Sudoku.

Die Drei-Reihen-drei-Spaltentechnik

Hannelore fing mit dem als 'leicht' beschriebenen Sudoku an. Schnell fand sie heraus, dass sie anhand der vorgegebenen Zahlen bestimmen konnte, in welcher Reihe, bzw. Spalte des Nebenkästchens die gleiche Zahl stehen musste. Wenn im ersten Neuner-Feld die Vier in der ersten Reihe stand, im danebenliegenden Feld in der zweiten, so musste sie im dritten Feld in der dritten Reihe stehen. Bei den Spalten galt das gleiche Prinzip. Stand die Vier im ersten Neunerfeld in der zweiten Spalte, in dem darunterliegenden in der ersten, so musste die Vier im untersten Neunerfeld in der dritten Spalte stehen. Ganz einfach.
Schnell begriff sie das Prinzip. Jede Ziffer konnte nur an einem bestimmten Feld stehen und nirgends sonst. Sobald Hannelore diese eingetragen hatte, schränkte sie die Anzahl der Eventualitäten ein. Sie empfand das als sehr beruhigend, es schien ihr das Leben insofern wiederzuspiegeln, als auch dort jede getätigte Handlung, jedes Ereignis unweigerlich die Möglichkeiten der folgenden Taten reduzierte. Absolute Freiheit – dieses schauderhafte Taumeln im Nichts – gab es nur vor der allerersten Tat. Weiter überlegte sie, ob, folgerichtig, weiterem Handeln ein Muster inhärent wäre?
Ihr fielen die Schautafeln in den Fernsehkrimis ein, auf denen Opfer und eventuelle Täter mittels Querverweisen und Pfeilen so vielfältig verbunden waren, dass ein optisches Muster entstand, das ebenso ein neuronales Geflecht im Gehirn oder die Interaktionsmuster in den sozialen Medien darstellen konnte. Es gab also überall auf der Welt ähnliche Verflech-

tungen, bis hin ins Allerkleinste. Die jeweiligen Verbindungslinien bestimmten Form und sogar Schönheit dieser Strukturen, die – legte man im Vornherein bestimmte Prämissen fest – sich sogar zu symmetrischen Gebilden formten. Die Welt bestand aus nichts als einer Vielzahl von Mustern.
Es schien Hannelore sogar, als bildeten die neuronalen Verbindungen in ihrem Gehirn bei der Beschäftigung mit reiner Zahlenlogik bereits nach kurzer Zeit ein Geflecht, das weitaus schöner und symmetrischer war, als wenn sie an etwas anderes dachte, sich zum Beispiel über Schwester Angelika ärgerte.

Den Stuhlkreis mit der Psychologin hatte Hannelore nicht vermeiden können, der war für alle Patienten Pflicht. Heute ging es um die Bewältigung der Frage, warum nur, ach warum?, die Krankheit den Einzelnen getroffen habe, obwohl er doch immer Sport getrieben, sich gemäßigt, niemals geraucht habe. Der einzige Herr, der Hannelore bis dahin einigermaßen attraktiv erschienen war, beklagte sich sogar darüber, dass ein geradezu teuflisches und unglaublich ungerechtes Schicksal ihn derartig hart getroffen habe, obwohl er doch immer gottesfürchtig gelebt habe. Darauf gab die Seelendoktorin Antworten wie: „Lassen Sie alles raus, stellen Sie sich Ihren Ängsten. Glauben Sie ruhig an die Diagnose der Ärzte und an deren Prognosen. Üben Sie sich in Gelassenheit, das klappt schon. Schöpfen Sie Hoffnung, das ist das Wichtigste, die Hoffnung, wissen Sie, die gibt es bis zuletzt."
Auch Hannelore äußerte sich: „Ein Fehler im System ist ein Fehler im System. Gott hin, Moral her – wenn Sie schlechte Gene haben, ist es so, als würden Sie beim Sudoku ganz zu Beginn einen Fehler machen. Danach ist es unmöglich, die Sache zu einem guten Ende zu bringen", stieß damit aber auf lähmendes Schweigen.
Sie konzentrierte sich daher auf das Interaktionsmuster in der Psychotherapiegruppe und fand einen Cluster rund um

den gottesfürchtigen Herren, der sämtliche Aufmerksamkeit auf sich zog und das ganze Geflecht derart dominierte, dass keine Ausgewogenheit hergestellt werden konnte. Von Symmetrie keine Spur.

Ausschlusstechnik

Am nächsten Nachmittag schnappte sich Hannelore sofort die Rätselseite der Zeitung und verzog sich in einen Sessel auf der Terrasse.
Nachdem sie die ersten Zahlen nach der Drei-Zeilen-drei-Spalten-Technik gesetzt hatte, wandte sie sich der genauen Betrachtung einzelner Reihen zu. Es galt neun Zahlen von eins bis neun so zu verteilen, dass sie weder in der Reihe noch in den drei Neunerfeldern doppelt vorkamen. Dabei erwies sich, dass in einzelnen Reihenabschnitten, die durch die Kästchengrenzen definiert waren, bestimmte Zahlen nicht vorkommen durften. Hannelore konnte zum Beispiel sicher ausschließen, dass die Zahl fünf im Reihenabschnitt des ersten Neunerfeldes verwendet werden konnte, da sich bereits eine andere Fünf in diesem Feld befand. Die Zahl konnte ihren Platz in der Reihe also nur im Bereich des zweiten oder dritten Kästchens finden. Daraufhin musterte sie alle Reihen und die durchquerten Neunerfelder und fand sichere Ausschlüsse.

„Es ist so ein schöner Tag heute, finden Sie nicht auch?“ Vor ihr stand der Gottesanbeter, der sich als kleingewachsen und sehr korpulent erwies. Hannelore erkannte sofort drei Ausschlusskriterien:
1.) sein Schöner-Tag-Gequatsche,
2.) seine Körperform und
3.) Gottesfurcht - wer weiß, wovor der sich sonst noch fürchtete?
„Mir doch wurscht“, knurrte sie.

Am nächsten Tag waren die Sudokus bereits ausgefüllt. Hannelore konnte es nicht glauben und wendete das Blatt um, als seien dort weitere – leere – Zahlenrätsel zu finden.
Wer war das? Wer hatte das gewagt? Wo konnte sie ihn finden? Ihn oder sie? Wer war ihr so feindlich gesinnt, dass er ihr dieses Vergnügen nahm? Warum?
Sie sah sich um, zwei Frauen spielten Canasta, der Gottesfürchtige saß am Fenster und starrte sie an, wandte dann aber hastig den Blick ab und sah angelegentlich hinaus.
Aha!

Hannelore ging auf ihr Zimmer, holte eine Spritze aus ihrem Koffer und zog eine größere Menge Insulin auf. Die Injektion versteckte sie im weiten Ärmel ihrer Strickjacke und machte sich dann an die Verfolgung des Sudokulösers. Erst am Abend bot sich ihr eine Chance. Der Gottesfürchtige, oder besser An-Gott-Verzweifelnde, spazierte allein in den Park, ließ sich dort auf einer Bank nieder und sah der Sonne beim Untergehen zu. Sie setzte sich neben ihn. „Tut mir leid, das ich letztens so unsensibel war. Ich hatte Sorgen."
„Sorgen? Die haben wir alle."
„Wir sollten uns gegenseitig unterstützen."
Er nickte. „Kann ich Ihnen helfen?"
„Ein freundliches Wort tut schon gut. Oh!" Hannelore wedelte heftig mit der Hand herum: „Da, eine Wespe."
„Ich sehe nichts."
„Oh mein Gott, es ist eine Biene, da, jetzt sitzt sie auf Ihrem Oberschenkel!" Hannelore verscheuchte mit einer heftigen Bewegung das vermeintliche Insekt, gleichzeitig rammte sie ihm mit der anderen Hand die Insulinspritze in sein fleischiges Hinterteil.
„Au, verdammt, jetzt hat sie mich erwischt." Er sprang auf. „Hören Sie doch endlich auf, so herum zu fuchteln. Sie machen die Tiere ja ganz aggressiv."
Hannelore legte erschrocken eine Hand vor ihren Mund, die

andere ließ die Spritze in ihre Tasche gleiten: „Verzeihung, ich bin in Panik geraten. Wissen Sie, ich bin gegen Bienengift allergisch. Aber zeigen Sie doch mal. Tut der Stich sehr weh?" Sie griff nach seiner Hose und zog daran.
Er hielt sie am Bund fest.
„Nun haben Sie sich doch nicht so."
„Nein, nein, so lassen Sie doch. So schlimm ist es nicht." Mit beiden Händen wehrte er Hannelore ab. „Lassen Sie meine Hose los!"
„Schon gut, schon gut, aber dann bringe ich Sie auf Ihr Zimmer, nicht, dass Sie einen Kreislaufkollaps bekommen." Sie stand auf und hakte sich resolut bei ihm unter. „Am besten, sie kühlen die Stelle und legen sich erst mal hin."
An seinem Zimmer angekommen, machte er sich hastig los und schlug Hannelore die Tür vor der Nase zu. Drei Stunden später erlag er einem Zuckerschock. Erst am nächsten Morgen fand ihn Schwester Angelika tot in seinem Bett.

Am nächsten Nachmittag war Hannelore die erste im Teeraum.
Wieder waren die Sudokus gelöst. Der Gotteszweifler war also unschuldig gewesen. Hannelore verspürte keinerlei Bedauern.
Sie wartete bis zum Abend. Als Schwester Angelika sich zum Auftakt ihrer Nachtschicht einen Tee aufbrühte, stellte sie sich dicht neben sie: „Wann kommt die Tageszeitung und welchen Weg nimmt sie im Hause, bevor sie hier im Teesalon landet?"
„Wie bitte?"
„Wer liefert die Zeitung morgens an und wann?"
„Na Uwe, ich meine Herr Bransen. Um sechs. Warum?"
„Dann nehmen Sie sie mit ins Schwesternzimmer?"
„Wen?"
„Die Zeitung natürlich, nicht Herrn Bransen."
Schwester Angelikas Gesicht nahm die Farbe von Hagebut-

ten an: „Es hat sich schon vor langer Zeit ausgebranst! Aber das geht Sie ja wohl wirklich nichts an. Was wollen Sie eigentlich?"
Hannelore zupfte gedankenverloren ein paar Haare von Angelikas Kittel: „Ich freue mich immer so auf die Rätsel und dann sind immer schon alle gelöst."
„Keine Ahnung warum! Weiß nicht."
„Sie haben ja sicher keine Zeit zum Rätseln während der Arbeitszeit, nicht wahr?"
„Nein, bestimmt nicht." Schwester Angelika schob sie energisch zur Seite.

Angelika oder Uwe? Es gab keine Kriterien, anhand derer Hannelore sich für einen von ihnen entscheiden konnte. Beide hätten sich eine gemütliche Rätselstunde gönnen können – wen sollte sie ausschließen? Ihr blieb nichts anderes übrig, als die Verdächtigen nacheinander auszuschalten. Schwester Angelika wusste nun von ihrer Vorliebe, das rückte sie an die erste Stelle.
Auf ihrem Zimmer präparierte Hannelore drei Eierlikörpralinen mit Kaliumchlorid, wickelte sie in Stanniolpapier und legte sie in die ansonsten leere Schachtel.
Am Morgen, kurz vor Ende ihrer Schicht scheuchte Schwester Angelika noch schnell ihre Schäflein aus dem Bett. Einer Praline konnte sie nicht widerstehen und nahm sie mit nachhause.
Am Nachmittag erlag sie einem Herzversagen.

Trotzdem fiel am nächsten Tag Hannelores Nachmittagsvergnügen wieder aus.
Obwohl sie bereits zweimal ohne Spuren zu hinterlassen getötet hatte, sah sie sich gezwungen, eine neue Tötungsart zu wählen. Ihr war bewusst, dass Täter meist deshalb gefasst werden, weil sie
a.) ein offenkundiges Motiv haben,

b.) unerfahrene Stümper sind oder
c.) aus geistiger Trägheit immer wieder auf dieselbe Art und Weise morden.
Der Inhalt ihres Koffers eröffnete ihr viele Möglichkeiten.

Angetan mit einem Jogginganzug trieb sich Hannelore am darauffolgenden Tag im Park herum. Um zehn nach sechs kam ein Auto die Straße zur Klinik hoch gekurvt. Der Fahrer blieb im Wagen sitzen, kramte eine Thermoskanne aus seiner Tasche, schüttete Kaffee in eine Tasse, zündete sich eine Zigarette an und breitete die Zeitung vor sich aus. Aus dem Handschuhfach holte er einen Kugelschreiber und machte sich ans Rätseln.
Damit hatte sie Uwe Bransen in flagranti ertappt!
Sie wartete, bis er die Zeitung wieder zusammengefaltet und ins Haus gebracht hatte, kam ihm dann entgegen, tat überrascht und dann erfreut und fragte ihn, ob er sie zur Post mit ins Dorf hinunternehmen könne, sie hätte ein Paket dabei.
Uwe war ein unglaublich mickriges Männlein, das Schwester Angelika höchstens bis zur Schulter gereicht hatte, - kein Wunder, dass ihre Liebe nicht von Dauer gewesen war. Nachdem er die hintere Autotür geöffnet hatte, hatte er große Mühe mit der schweren Postsendung. Hannelore wollte ihm helfen, konnte aber nicht viel tun. Er nahm also alle Kraft zusammen, wuchtete den Karton hinein, fiel dabei vornüber und war in dieser Position äußerst wehrlos. Hannelore beugte sich von hinten über ihn, stieß ihm ohne große Mühe ein zierliches Stilett von schräg unten in den Kopf und durchtrennte dabei das Rückenmark zwischen Atlas und Axis. Uwe war augenblicklich tot und sackte auf die Rückbank. Hannelore zog eine Plastikhaube aus der Jackentasche, stülpte sie sich über ihre Haare, zog sich Handschuhe an und das Stilett aus Uwes Nacken, wälzte den schmächtigen Körper auf die Seite, drapierte Uwes üppigen Pferdeschwanz sorgsam über der kleinen Wunde und winkelte seine Beine so

an, dass sie die Autotür schließen konnte. Sie lenkte den Wagen auf einer wenig befahrenen Forststraße den nahen Berg bis zu einer steilen Kurve hoch, neben der es tief in eine Schlucht hinunter ging. Dort positionierte sie das Auto, stieg aus, holte die Steine aus dem schweren Postpaket und schleuderte sie ins Gebüsch, zog ihren Jogginganzug aus und holte einen identischen aus dem Paket, entnahm ihm ferner eine kleine Flasche Brandbeschleuniger, zündete Pappe, Plastikhaube, Handschuhe und abgelegte Kleidung an und vergrub die Reste und das sorgsam sauber gewischte Stilett weitab des Weges. Zuletzt klemmte sie Schwester Angelikas Haare in die Ritze des Beifahrersitzes und löste von außen die Handbremse. Der Wagen kam ins Rollen, überschlug sich und donnerte den Abhang hinunter. Sie hoffte, dass Uwes Körper viele Schrammen und Verletzungen abbekommen und der kleine Einstich am Hinterhaupt keine Rolle spielen werde. Die Haare auf dem Nebensitz würden auf eine Verbindung zur toten Exfreundin weisen, auf der Schautafel der Polizei würden viele Linien zwischen den beiden Toten gezogen werden und die Ermittlungen in eine falsche Richtung lenken.

Dann rannte sie den Berg wieder hinunter. Um Punkt sieben Uhr fünfzehn schlüpfte sie ungesehen durch einen Seiteneingang in die Klinik und in ihr Zimmer.

Wirklich ungesehen? Konnte sie sicher sein?

Hannelore war mit dem gesamten Tathergang nicht zufrieden: wie roh und ungeschlacht alles wirkte, wie brachial der Wagen durch die kleine Tannenschonung gepflügt war, wie laut es gepoltert und gescheppert hatte! Hatte das wirklich keiner gehört, hatte keiner daraufhin mit einem Feldstecher die Straße abgesucht?

Im Gegensatz zur Eleganz der ersten zwei Morde, die praktisch nicht nachweisbar waren und daher unspektakulär und scheinbar mühelos wirkten, war der dritte Mord nur bis zum Genickstich raffiniert, ab dann anzweifelbar. Zu viele Un-

wägbarkeiten blieben!
Eine derartige Situation hatte sie bisher immer vermeiden können und nur dieses Mal eine Ausnahme gemacht, weil es im Rahmen der Drei-Opfer-drei-Tötungsarten-Taktik nötig wurde. Welcher Kriminalbeamte würde ein und derselben Person einen Mord per Injektionen, Praline u n d Kabylenstich zutrauen? Trotzdem – schön im Sinne von ästhetisch ansprechend war eine Tat nur, wenn für den Ausführenden risikofrei.

Am nächsten Tag traten Bedenken und Zweifel in den Hintergrund. Der neue Bote hatte die Zeitung in jungfräulichem Zustand belassen. Hannelore konnte sich endlich wieder an die Lösung der zwei Sudokus machen.
Das eine war als „schwer“ charakterisiert. Nachdem Hannelore die ihr bekannten Strategien angewandt hatte, gab es keine weiteren Kriterien mehr, anhand derer sie eine bestimmte Zahl wählen konnte. Zwei Möglichkeiten waren absolut gleichwertig.

Die Dynamotechnik

Hannelore dachte daran, wie sie beim Bergklettern zum ersten Mal einen 'Dyno' gewagt hatte, also einen dynamischen Sprung in der Wand, um einen weiter entfernten Griff zu erreichen. Dabei musste der sichere Halt aufgegeben werden und das Risiko, den anvisierten Felsvorsprung nicht zu erreichen und abzustürzen war immens hoch. Aber es blieb keine Wahl. In einer ähnlichen Situation befand sie sich nun – mitten im Sudoku. Entweder klappte der 'Dyno' oder sie würde abstürzen. Sie konnte nur hoffen. Sudoku verzeiht keine Fehler.
Hannelore horchte lange in sich hinein und trug dann eine bestimmte Ziffer ein, baute darauf das weitere Zahlennetz

auf. Erst am Schluss würde sich erweisen, ob die Wahl richtig gewesen war. Vollends im Geschehen gefangen, konnte und wollte sie nicht mehr zurück, geriet vor Anspannung außer Atem und dann – endlich – war die letzte Zahl eingetragen und das Sudoku fehlerfrei gelöst.

Der Tsching, Robinson Crusoe und die Einsamkeit

Meine Mutter und ich wohnen nun seit zwei Wochen hier, wenn man von der Hauptstraße einbiegt im vordersten Block im elften Stock.

Unsere Wohnung ist ok. Ich hab mein eigenes Zimmer. Vor dem Einzug haben wir alles frisch gestrichen, meine Wände sind dunkelgrün wie der Wald. Die Wohnung ist etwas altmodisch, Stäbchenparkett im Wohnzimmer und beige Fliesen mit Blumenmuster im Bad.

Im Treppenhaus gibt es keinen Teppich und auch keine Topfpflanzen. Über manchen Klingeln hängen selbstgestaltete Schilder: „Hier wohnen Erika, Thomas, Hans und Uli". Eine „Familie Meier mit Struppi und Arabella" wird von zwei undefinierbaren Klecksen eingefasst, vermutlich sollen sie Struppi und Arabella darstellen. An viele Türen sind Gestecke mit Stroh- oder Plastikblumen genagelt. Kränze umrahmen das Glasauge des Spions.

Meine Mutter denkt, dass der Türschmuck sich im Laufe des Jahres verändern wird. Tannengrün, Lametta und Christbaumkugeln werden erst bunt bemalten Ostereiern und schließlich robusten Sommerblumensträußen weichen, bevor im Herbst buntes Laub und getrocknete Baumfrüchte an die Türen kommen.

Draußen gibt es eine Grünfläche zwischen den Wohnblöcken und eine Straße, die rundherum führt. Auf den Bürgersteigen schieben die Mütter ihre Kinderwägen hin und her. Ich habe gehört, dass in der Nähe ein Einkaufszentrum geplant ist.

Vorher wohnten wir in einem kleinen Dorf mit genau zwei Straßen, eigentlich war es nur eine Straßenkreuzung mit ein paar Häusern drumherum. Bürgersteige hatten wir nicht. Wenn ich die Straßen entlang radelte, kam ich an Thujahecken und hohen Mauern vorbei. In manchen Gärten waren noch kleine Kinderspielplätze mit Klettergerüst, Rutsche und einem kleinen Haus aus Plastik aufgebaut, oder ein riesiges Trampolin mit Schutzzaun um das Sprungtuch, damit die Kleinen nicht aus Versehen in das Nachbargrundstück katapultiert wurden. Doch außer mir gab es keine anderen Kinder mehr. Zwei Häuser standen ganz leer. Zum Glück war am Ortsrand ein kleines Wäldchen und ein Teich. Da spielte ich Robinson Crusoe. Der war auch allein.

Hier in der Siedlung stehen ein paar Bäume, aber mit einem Wald hat das nichts zu tun. Es gibt auch einen Spielplatz. Bisher habe ich dort aber nur die kleinen Kinder im Sandkasten buddeln sehen. Die Kinder in meinem Alter müssen irgendwo anders sein.

Vorgestern musste meine Mama Nachtschicht im Krankenhaus schieben. Als sie gegangen war, bin ich wieder aufgestanden und rausgegangen. Der Himmel war dunkelgrau, die Wohnblöcke ragten schwarz gegen den Himmel, überall sah ich hellerleuchtete Fenster. In manchen konnte ich die Leute in den Zimmern herumlaufen sehen. In anderen flackerte das blaue Licht des Fernsehers.
Auf einmal wurde ich furchtbar traurig. Ich glaube, schuld daran war die Einsamkeit. Im Dorf war sie grün. Hier ist sie blau und schwarz.

Als ich das Treppenhaus hoch gestiegen bin, habe ich überall die blöden Blumengestecke und Kränze abgerissen.

„Du warst das – ich habe dich durch den Türspion beobachtet."
Der Junge ist so groß wie ich, hat seine langen schwarzen Haare zu einem Pferdeschwanz zusammengebunden und schmale Augen. Ein Chinese – ein Tschingschangtschung. Ich muss zur Schule und er steht mir im Weg. „Hast du hier auf mich gewartet?"
„Ja. Ich wollte mal sehen, was du für einer bist. Du traust dich ja was."
Dabei grinst er. Ich bin froh, dass er nicht sauer ist. Diese Tschingtschangtschungs können alle Karate.
„Sorry, aber mir ging´s gestern nicht so gut."
„Ich heiße Tsching", sagt er.
Ich muss lachen. „Ist das die Abkürzung von Tschingtscha..?"
„Vorsicht, Langnase!" Er macht einen Satz auf mich zu und versetzt mir eine Kopfnuss: „Tschingtscha heißt auf chinesisch Polizei."
So haben der Tsching und ich uns kennengelernt.
Wir treffen uns jetzt fast jeden Tag, aber meistens erst am späten Nachmittag vor dem Haus, weil der Tsching immer soviel lernen muss.
Einmal hat er mir von seiner Heimat erzählt.
„In Hongkong stehen die Hochhäuser ganz dicht nebeneinander. Die Leute wohnen sehr beengt. Unsere Wohnung war nicht viel größer als dein Zimmer. Da haben wir zu dritt gewohnt. Wann immer es möglich war, gingen wir raus. Nicht gleich auf die Straße, manchmal blieben wir auch in unserem Haus. Es hatte über dreißig Stockwerke, mit einer Karaokebar im sechsten Stock, einer Sauna im Erdgeschoss, einem Supermarkt im zweiten Geschoss, einem Kindergarten, einer Cocktailbar im fünfundzwanzigsten und vielem mehr. Einmal bin ich nachts aufgewacht und meine Eltern waren weg.

Sie waren nur in die Bar gegangen, aber das wusste ich ja nicht."
„Wie alt warst du?"
„Vielleicht fünf. Ich wollte sie suchen, bin mit dem Aufzug rauf- und runtergefahren, hab mich an dem Wachmann vorbei gedrückt und bin auf die Straße gelaufen. Du musst dir vorstellen, die Straßen sind immer voller Menschen, überall bunte Lichter, die ganze Nacht hindurch."
„Hast du dich nicht gefürchtet, so ganz allein unter all den Fremden?"
„Doch, aber dann lief ich zu Herrn Wang, dem Straßenhändler in der Parallelstraße und der schenkte mir ein Mangomochi."
„Was ist das?"
„Ein Reisbällchen mit frischer Mango in der Mitte."

Der Tsching und ich reden oft darüber, was wir werden wollen. Zuerst wollte ich natürlich Rapper werden. Aber dann sagt der Tsching, dass er deshalb so viel lerne, damit er später mal Architektur studieren könne. Er wolle ganz neue Städte bauen, in denen alles sehr praktisch sein müsse, damit alle schnell zur Arbeit kämen oder gleich im Haus arbeiten könnten, alles Lebensnotwendige hätten und nicht soviel Energie verbrauchten. Aber das allein würde ihm nicht reichen.
Wir schauen im Internet nach moderner Architektur und entdecken die über und über mit Bäumen und Pflanzen bedeckten „Bosco verticale" in Mailand und die Smart Forest City Cancun. „Pflanzen und Tiere sind schon mal gut", sagt der Tsching. „Aber schau mal, hier."
Er zeigt mir das „Interlace" in Singapur, ein riesiges Bauprojekt mit Wohnblöcken, die nicht so langweilig wie hier in Reih und Glied stehen, sondern kreuz und quer angeordnet und ineinander verschachtelt sind. Es sieht aus, als hätte man Bauklötze waghalsig übereinander gestapelt. Überall gibt es

Parks und Gärten und jede Menge beschatteter Innenhöfe, in denen man Marktplätze, Theater, Schwimmbad, Teiche, Spielplätze und dergleichen findet. Manche dieser Einrichtungen, wie z.B. die riesigen Schwimmbäder befinden sich am Boden zwischen den Hochhäusern, andere – wie Theater, Gärten und kleine Parks, Geschäfte, Marktplätze – sind überall auf die Blöcke verteilt, im zehnten, zwanzigsten oder dreißigsten Stock.

„So was willst du bauen?"

„Ja! Städte müssen in die Höhe gehen und nicht in die Breite und es muss überall Raum für die Erwachsenen und auch für die Kinder geben, damit die in ihrer Freizeit auch mal was zusammen machen können", sagt der Tsching. „Dann sind sie nicht so einsam."

GEGEN VEREINSAMUNG

SEELENWANDERER 1, 2002

SEELENWANDERER 2, 2015

SEELENWANDERER 3, WANDERUNG MIT KING LEAR, 2018

Drei Türme

Taipei 101 - Lakhta Center - Kelheim Tower

Berlin

Am 20.11.2040 kam Hermann im Elisabethkrankenhaus in Berlin/Charlottenburg zur Welt. Seine Mutter Charline war zum ersten Mal in ihrem Leben im nahen Schlosspark spazieren gegangen und über die vielen naturbelassenen Bäume und Büsche im hinteren Teil des Parks derart in Aufregung geraten, dass unvermittelt heftige Wehen einsetzten und sich rasend schnell zu einer Schmerzwoge ungeheuren Ausmaßes vereinten. Charline konnte gerade noch einen Notruf absetzen.
Innerhalb von fünf Minuten waren die Notärzte zur Stelle.
Sie schafften es jedoch nicht in den Kreißsaal. Hermann kam im Eingangsbereich des ehrwürdigen Frauenkrankenhauses zur Welt. Eine Sturzgeburt.

Nach fünf Tagen kehrten Mutter und Kind ins Märkische Viertel zurück, in dem Charline bereits ihr gesamtes 19-jähriges Leben verbracht hatte.
Das Kind an ihre Brust gelegt, saß sie mit ihrer Mutter auf dem Balkon im 15. Stock ihres Wohnturms. Beide sahen auf die Straße hinunter, auf der Geschöpfe, kaum größer als Ameisen, mit winzigen Spielzeugautos herumfuhren.
„Warum in aller Welt hast du dich in dieser Wildnis herumgetrieben?“
„Im Charlottenburger Schlosspark? Ich wusste nicht, dass da alles so kreuz und quer durcheinander wächst. Ich kann dir gar nicht sagen, wie beängstigend das war. Das pure Chaos!“
„Als werdende Mutter musst du ab jetzt mehr Verantwor-

tung tragen. Das war unglaublich leichtsinnig!"
„Du hast ja recht. Der Teufel hat mich geritten. Ich wollte einfach nochmal etwas erleben."
„Kind, Kind, Kind! Wenn sie dich in dem Gestrüpp nun nicht gefunden hätten."
Die Mutter holte tief Luft, Tränen in den Augen.

Hermann wuchs im Märkischen Viertel auf. Er kannte nichts anderes, Charline wollte das Viertel nie mehr verlassen.
Doch nach dem Abitur musste der Sohn in die weite Welt hinaus, sich von Mutter und Großmutter abnabeln und zum Studieren – ausgerechnet – nach Charlottenburg.
Die Augen vom überbordenden Grün des Tiergartens abgewendet schlüpfte der junge Student der Architektur schnell in den großen Betonbau der technischen Universität, um sich dem Studium des Funktionalismus und Brutalismus zu widmen, einer Stilrichtung, die sich immer noch – oder schon wieder – großer Beliebtheit erfreute. Da waren all′ die geraden Linien und rechten Winkel, das Schnörkellose, Vernünftige, Vertrauenserweckende, das Hermanns Lebenssicht im Märkischen Viertel geprägt hatte. Einer schnurgeraden Linie folgt ein rechter Winkel, der seinerseits in eine weitere schnurgerade Linie mündet. Bloß kein Schnickschnack. Form follows function. Das Äußere der Bauten sollte auf das Innere weisen, ein eintönig geradliniges Leben einen adäquaten Ausdruck in der Form finden.

Long Yü schaffte das „Gaokao", die Aufnahmeprüfung für die Universität in Taipei mit Ach und Krach. Aber das machte ihr nichts. Einmal drinnen im universitären System wollte Yü sich eher auf die Jagd nach einem passenden Ehemann begeben, als sich ernsthaft mit Architektur zu beschäftigen. Sie wollte auch nicht in Taiwan bleiben, sondern nach Europa, in die deutsche Hauptstadt. Jedenfalls so weit weg wie möglich von der elterlichen Aufsicht.

Long Yü und Hermann begegneten sich in der Mensa der TU Berlin und waren sofort voneinander fasziniert.
Beide etwa gleichgroß, beide dunkelhaarig, praktisch und gut gekleidet, verströmten sie eine Art von Langweiligkeit, die im absoluten Gleichklang schwang. In der Architektur teilten sie ähnliche Vorlieben. Auch Long Yü war von der alten/neuen Moderne, vom Funktionalismus und dem Diktat des 90 Grad Winkels so besessen, wie ihr männliches Pendant. Hermann favorisierte noch eine Zeitlang den Gropiusbau in Berlin. Das kam aber nur daher, weil er – als gebürtiger Berliner – keine rechte Vorstellung von wirklich hohen Hochhäusern hatte. Long Yü hingegen liebte das Taipei 101, den 508 Meter hohen Prestigebau der Hauptstadt Taiwans. Sie bestand daher auf einer Hochzeitreise nach St. Petersburg, um mit ihm im Lakhta Center am Ufer des finnischen Meerbusens nach oben zu schweben. Weit nach oben, mit seinen 462 Metern war es eines der höchsten Gebäude Europas, darüber spannte sich der unendliche weite Himmel der Liebe.
Für Hermann war es ein tief bewegendes Ereignis. Er verfiel sowohl der schlichten Eleganz des Towers, als auch der anrührenden Nacktheit seiner Frau. Beides verquickte sich zu einem Traum von himmelserobernden Türmen, der ihn fortan begleiten würde.

Die Ehe gedieh. Hermann brachte das Beste in Long Yü zutage. Sie trieb ihn zu immer weiteren Höhenflügen. Beide absolvierten ihr Studium mit Bestnoten und stürzten anschließend in den bodenlos scheinenden Sumpf der Akademikerarbeitslosigkeit.

Berlin brauche keine weiteren Architekten, erst recht keine so hohen Türme. Vielleicht in der Provinz? In Bayern? Da wäre alles noch voller Wald, den müsse man ja nur roden, lockte der Arbeitsvermittler. Beiden lief es kalt über den

Rücken. Hermann erzählte Long Yü von seiner Geburt, die um ein Haar inmitten der rauen Wildnis des Charlottenburger Schlossparks stattgefunden hätte. Doch es half nichts. Nur in einer kleinen Stadt in Niederbayern wurden vom städtischen Bauamt zwei Planer gesucht. Ohne zu wissen, auf was sie sich einließen, sagten sie zu.

Kelheim

Long Yü und Herrmann betraten die Kelheimer Altstadt durch das Donautor. Rechts und links der unebenen Fahrbahn schwangen Hauswände leicht nach hinten oder vorn, Türrahmen wichen vom rechten Winkel ab und Fenster waren entweder zu groß oder zu klein. Den Beiden wurde auf der Stelle so schwindlig, dass sie sich gegen eine abenteuerlustig verputzte Hauswand lehnen mussten und an ihr zu Boden glitten.
Zwei mit Maurerkellen und Farbeimern bewaffnete Handwerker halfen ihnen wieder auf die Beine.
Sie seien sicher bereits dabei, all′ diese Unzulänglichkeiten auszugleichen, vermutete Hermann.
Wie lange dieser grauenvolle Zustand der Bevölkerung schon zugemutet wurde, fragte Long Yü mit unüberhörbarem Vorwurf in der Stimme.
„Seit dem Mittelalter", entgegnete einer der Handwerker.
„Es ist fast alles originalgetreu restauriert. Das Rathaus ist besonders schön", meinte der andere.
Angesichts des weißen mit bunten Bildern verzierten Prachtbaus, dessen Giebellinie schwungvolle, aber unregelmäßige Bögen in den Himmel malte, fingen Hermann und Long Yü an zu weinen.

Schweren Herzens traten sie ihre Arbeit im Bauamt an und lernten ihre Mitarbeiter, den Stadtrat, den Denkmalschutzbeauftragten, zwei Bauunternehmer und vor allem den Bürgermeister kennen. Diese Menschen waren in vielerlei Hinsicht miteinander 'verbandelt', doch erst nach und nach wurde Long Yü und Herrmann klar, w i e verschlungen und vielfältig die sozialen Beziehungen der Mitspieler waren. Das Verhalten der Stadträte gegenüber ihren Frauen war nicht von Ehrlichkeit geprägt, die Vergabepraktiken der Bauaufträge entsprachen nicht den Regeln und das Verhalten des Herrn Denkmalschutzbeauftragten war alles andere als geradlinig. Besonders die Beziehung des Bürgermeisters zu seiner Sekretärin formte ein einziges verschnörkeltes großes Herz. Die Formensprache des sozialen Miteinanders war so barock, wie die Giebel der Stadtarchitektur.

„Schluss damit!“, beschlossen Hermann und Long Yü.

Long Yü setzte sich an den Entwurf für ein neues Rathaus. Hermann sah erst staunend, dann mit immer größerer Bewunderung einen Bau von gewaltigen Ausmaßen auf dem PC entstehen. 509 Meter würde sich das Kelheimer Rathaus kühn in den bayerischen Himmel recken. Glasklar würde die Außenhülle sein, die Linienführung kompromisslos und geradlinig, stolz und selbstbewusst würde es sich aus den Donaunebeln erheben. In der Form würde es ein wenig einem Bambusrohr ähneln. Long Yü nannte es „tian zhu“, Himmelsbambus.

Als die beiden Architekten ihren Entwurf der Öffentlichkeit präsentierten, waren Bürgermeister, Stadtrat und Denkmalschützer entsetzt. Die Bauunternehmer hingegen waren erst freudig überrascht und verfielen dann einer atemlosen Euphorie.
Hermann lächelte freundlich und ließ durchblicken, dass er ohne weiteres bereit wäre, den gehörnten Ehefrauen der Stadträte Bescheid zu sagen und sich gegebenenfalls auch an

die Presse zu wenden, um den ein oder anderen Verwaltungsakt öffentlich zu machen. Außerdem sei ja wohl allen bewusst, dass die nächsten Wahlen anstünden.
„Eine neue Ära bricht an“, meinte man daraufhin in der nächsten Stadtratssitzung.
„Dem darf man sich nicht verschließen.“
„Wir schulden es unseren Kindern, mit der Zeit zu gehen.“
„Jede Epoche zeitigt ihre eigenen kulturell wertvollen Gebäude.“
„Herausragende Bauten tragen wesentlich zur Identifikation mit dem Heimatort bei“, beschloss der Bürgermeister.
Das neue Rathaus wurde also gebaut. Dank Long Yüs vielfältigen Beziehungen nach China betrug die Bauzeit nur zwei Jahre. Der Kelheim Tower wurde im Jahre 2075 fertiggestellt.

BABEL

BABEL, 1999

BABEL BRENNT, 2014

NEU BABEL, 2003

Fraktale und Trialektik

Eleonore lehnte für einen Augenblick ihr Haupt an seine Schulter. Erichs Blick wurde zunächst vom Funkeln ihrer mahagonifarbenen Haare gefangengenommen, riss sich dann los und wanderte weiter hinunter. Der Alabasterton ihrer Haut war unter den üppigen Haarranken, die sich wie ein Mantel um ihre Gestalt legten, nur zur erahnen. So zartgliedrig, so fein war Eleonores Gestalt, dass Erich vermeinte, eine Waldnymphe im Arm zu halten, die verblassen würde, die in der Luft verwehte, wollte man sich ihrer bemächtigen oder sie auch nur zu fest an sich drücken.

Zu diesem Zeitpunkt war es schon längst um Erich geschehen. Die Ebenmäßigkeit von Eleonores Antlitz, dessen nahezu perfekte Achsensymmetrie, hatte ihn bereits vollends in ihren Bann gezogen.

Eine MRT-Aufnahme seines Gehirns während der Betrachtung ihres Gesichts hätte eine erhöhte neuronale Aktivität in mehreren Hirnregionen gezeigt, vor allen im orbitofrontalen Cortex, aber auch dem Cortex cingularis anterior und dem dorsolateralen und ventralen präfrontalen Cortex. Des weiteren wurden natürlich Areale in seinem Gehirn stimuliert, die mit Emotionen in Verbindung gebracht werden, wie die Amygdala und die Inselrinde. Jeder Evolutionsbiologie hätte seine Freude an den Aufnahmen gehabt und – hätte Erich ihn nur gefragt! – diese Begegnung als idealtypische Standardsituation klassifiziert. „Die Gene, mein Lieber, denen entkommst du nicht!“ Auch Eleonore, Professorin für Neuroästhetik, lächelte wissend.

„Wie schön du bist", wollte Erich hauchen und, „Ich liebe dich." Doch Eleonore war so plötzlich verschwunden, als wäre sie durch Zauberkraft dematerialisiert worden und nur ein kleiner kühler Hauch wehte ihn an. Die dichte Blätterwand des Holunders hatte sie bereits verschluckt, die Blätter zitterten noch etwas, wurden ruhig und still, formierten sich wieder in der alten Ordnung und zeigten mit den Spitzen ihre Blätter auf ihn, als wollten sie ihn verhöhnen. „Ach Eleonore", seufzte Erich und wollte ihr nacheilen, - motorische Areale wie der Prämotorcortex und der posteriore parietale Cortex zeigten hohe Aktivität auf -, doch die Holunderbüsche waren so dicht ineinander verwoben, die Ranken und Äste dabei so zäh und fest, dass für Menschen kein Durchkommen war, nur für Waldnymphen.

So oder ähnlich verlief die erste Begegnung von Erich und Eleonore. Glücklicherweise gestalteten sich die folgenden Verabredungen realitätsnäher, sodass diese schließlich in die Zeugung von Erna und eine glückliche Dreisamkeit mündeten.

Erna

Im Alter von sechs Monaten krabbelte Erna auf eine schmucklose, weiße Wand im Flur zu, verminderte weder Geschwindigkeit noch Richtung und rammte ihren voluminösen Schädel gegen die weiße Fläche. Ihr Gebrüll schien weniger dem Schmerz geschuldet als vielmehr dem Zorn über das unerwartete Hindernis. Erich und Eleonore suchten den Kinderarzt auf, der jedoch keine Sehschwäche feststellen konnte. Sie strichen den Flur lindgrün. Ohne Erfolg. Wieder und wieder wollte Erna mit dem Kopf durch die Wand.
Als Erna sich auf ihre stämmigen Beinchen erhoben und gelernt hatte, einigermaßen das Gleichgewicht zu halten, wackelte sie zielgerecht erst auf die glatte Fläche im Flur zu,

prallte dagegen, plumpste auf den weich gepolsterten Windelhintern, richtete sich wieder auf, marschierte in die Küche und lief gegen einen Einbauschrank. Die Wut darüber, dass sich ihr etwas in den Weg stellte, wuchs mit jeder Behinderung ihrer Welterkundung. Schließlich bewaffnete sie sich mit einem hölzernen Spielzeugauto, steuerte mit ausgestreckter Hand auf das Mauerwerk im Flur zu, donnerte es, sobald sie in Kontakt mit der grünen Fläche kam, mit aller Kraft dagegen und schlug eine kleine dreieckige Kerbe hinein.
Ab da war der Spuk vorbei. Erna drehte vor dem Loch in der Mauer ab und kollidierte erst in der Küche mit einen Schrank. Zähneknirschend klebten Ernas Eltern daraufhin Prilblumen auf alle glatten Flächen in Ernas Sichthöhe. Deren bunte Farben gaben der Wohnungseinrichtung etwas lebhaft Frisches, störten aber nachhaltig das innenarchitektonische Konzept, für das der Innenausstatter viel Geld verlangt hatte.
„Spießig hoch drei“, sagte Erich.
„Sieht aus wie bei Hempels“, fügte Eleonore hinzu.
„Kaum zu ertragen.“
„Was tut man nicht alles fürs Kind!“
Erna gaben die kleinen Unzulänglichkeiten in der Wohnung Halt und Orientierung. Allerdings störte das farbliche Desaster der Klebeblumen, die man mit den Flaschen des Geschirrspülmittels kostenlos mitgeliefert bekam, auch ihr ästhetisches Empfinden derart, dass sie sie, sobald ihre Fingerchen einen Filzstift halten konnten, mit Kritzeleien versah.
„Schau hin, sie eliminiert nur die unpassendsten Farbkombinationen.“
„Ein paar Pastelltöne lässt sie stehen!“
„Ansonsten dezentes Schwarz-Weiß.“
„Unser Kind hat ein feines ästhetisches Empfinden.“
„Das hat sie von dir.“
„Ach nein, sag doch sowas nicht.“

Ernas Eltern sahen sich zärtlich an. Beide beruflich der Kunst verpflichtet – Erich war Architekt – erkannten sie sofort Ernas Talent und platzierten große Papierbahnen an den Kinderzimmerwänden, auf denen sich ihre Tochter nach Herzenslust austoben konnte. Ernas Zorn brodelte ab da nur noch in einer hinteren Ecke ihres Gemütes, gleich einer kleinen heißen Quelle, die eher wohlige Wärme verbreitete, als eine Gefahr darstellte.

Lange konnten die Eltern ihrem kleinen Mädchen nicht einmal die ersten allgemein üblichen Worte, wie 'Mama, Papa, Katze' entlocken. Erst im Alter von drei Jahren, als sie bereits den Zeichenstift sicher beherrschte, begann Erna, auch verbal mit ihrer Umwelt zu kommunizieren und zwar mit ganzen grammatikalisch korrekten Sätzen: Subjekt, Verb, Objekt – Dativobjekt vor dem Akkusativ. Zeitangaben am Satzanfang oder vor dem Objekt, Ort vor Zeit, usw. Alles stimmte.
Das Erste, was Erna – dabei auf einen Wagen am Straßenrand zeigend – sagte, war: „Da steht ein Auto. Warum ist es so hässlich?“
Ja warum? Erich und Eleonore wussten keine Antwort.
Was ist schön und was ist hässlich?
„Ein symmetrisches Gesicht, eine symmetrische Körpergestalt ist schön, weil dessen Trägerin vermutlich über 'gute Gene' verfügt“, sagte Erich und sah seine Frau zärtlich an.
„Schönheit entsteht außerdem durch eine gewisse formale Ausgewogenheit“, sagte Eleonore.
Das Auto entsprach dieser Vorgabe: es war achsensymmetrisch, die Proportionen stimmten, das Heck war nicht zu lang, die Motorhaube dagegen imposant.
Vielleicht die Farbe?
„Nein, rot ist gut. Aber das Auto ist hässlich“, beharrte Erna.
„Warum?“

Das war der Beginn einer unübersehbaren, endlosen Reihe von 'Warums', die alle gewissenhaft beantwortet werden mussten, weil Erna nicht aus Gewohnheit fragte oder um ihre Eltern zu ärgern, sondern aus Interesse. Über jede Antwort wurde nachgedacht, bevor es zum nächsten 'Warum' kam.

„Unsere Tochter neigt zu analytischem Denken", sagte Erich.

Eleonore versuchte es mit einer Gegenfrage: „Erna sag, warum ist etwas schön?"

Erna dachte nach. Ihre Eltern sahen ihr an, wie es in ihrem Gehirn ratterte, verschiedene Antworten durchgespielt wurden:

„Schön ist es, wenn ich es ansehe und es mir gut tut."

„Ist unsere Katze schön?" Eleonore wies auf die drei annähernd gleichgroßen Dreiecke, die zusammen Gesichtchen und Riesenohren ihrer Nacktkatze ausmachten. Das Tier hieß Gremlin.

„Ja!", sagte Erna und Eleonore musste lachen: „Aha! Du scheinst mir nicht ganz objektiv zu sein!"

Dass hinter Ernas Vorliebe für Gremlin nicht nur Tierliebe steckte, stellte sich heraus, als Erich eines Abends mehrere Zeichnungen auf dem Wandpapier im Kinderzimmer näher inspizierte.

Erna hatte zunächst das Gesicht der Katze gezeichnet, indem sie ein größeres Dreieck auf die Spitze gestellt hatte. Die Schnauze des Tiere – Lippenspalte und Lefzen – waren durch drei Striche dargestellt, darüber zwei Punkte als Augen. Zwei kleinere Dreiecke – die Ohren – waren auf die obere Gerade gestellt worden und wiesen mit der Spitze nach oben. Das war – zwar etwas abstrahiert, aber zweifelsohne – Gremlin.

Daneben befand sich die Zeichnung einer Reihe von immer kleiner werdenden Pfeilspitzen. Auf einer zweiten Papierbahn hatte Erna weitere Versuche mit der Kombination von Dreiecken gemacht, manche fügten sich zu einem Sechseck,

einige bildeten eine fortlaufende Bordüre, andere versammelten sich zu eher ungeordneten Formationen.
Schließlich fügten sich vier Dreiecke mit unterschiedlichen Kantenlängen in ein größeres – schief, krakelig, mehrere Variationen, offensichtlich Versuche.
Auf der Papierbahn neben der Tür, die man nur betrachten konnte, wenn man die Tür schloß, prangte schließlich – so korrekt wiedergegeben, wie es in einer freihändigen Zeichnung möglich war – ein großes gleichschenkliges Dreieck mit der Spitze nach oben. In dessen Mitte war ein ebenfalls gleichschenkliges Dreieck, dessen Endpunkte genau den Mittelpunkt der Seitenlinien markierten, mit der Spitze nach unten eingepasst worden. Vier gleiche Dreiecke waren so entstanden. Während das mittlere nicht weiter gestaltet worden war, war in die umgebenden drei Dreiecke wiederum mittig ein kleines eingepasst worden. Das mittlere war wiederum weiß gelassen worden, in die umgebenden drei Dreiecke war mittig ein weiteres kleines eingepasst und so fort.
Das Sierpinski-Dreieck!
Ein Fraktal!
Erich schnappte nach Luft, etwas Fremdes, Kaltes berührte ihn. Wer war dieses Kind?

Im Kindergarten prallte Erna jedoch wieder gegen eine Wand.
Warum gab es in einem Kindergarten monoton weiße Wände? Eine Lösung – etwa in Form von Prilblumen – konnte nicht gefunden werden. Die Kindergärtnerinnen hielten die Kleine für leicht schwachsinnig und empfahlen den Eltern, sie in eine heilpädagogische Einrichtung mit Schwerpunkt Motopädie zu geben. Erich und Eleonore gerieten darüber in einen fürchterlichen Streit mit der Leiterin und schieden im Zorn.
Glücklicherweise gab es in der Nähe einen anthroposophischen Waldkindergarten, in dem die Kleinen im Winter in

rundlichen Holzwägen hausten und den Rest des Jahres weitgehend im Freien verbrachten. Erna war zufrieden. Stundenlang konnte sie vor einem großen Ameisenhügel sitzen und die Insekten bei ihrem geschäftigen Hin- und Hereilen beobachten. Bäume fand sie besonders schön, wenn diese genügend Raum hatten, sich frei zu entwickeln.

„Erna, was ist daran schön?"

„Ein Baum besteht aus lauter kleinen Bäumen, die wachsen aus seinem Stamm raus."

„Gibt es das öfters?"

„Bei vielen Blumen ist das auch so, aber am schönsten sind die Farne – da hat man in der Mitte einen Stiel und zu beiden Seiten wachsen wieder kleine Farnblätter raus, die genauso aussehen, wie das große."

„Wenn du das schön findest, dann habe ich was für dich – eine Art Blumenkohl."

„Kenn ich doch schon."

„Aber nicht diesen hier." Eleonore überreichte ihr einen Romanesco. Erna blieb vor Staunen der Mund offen stehen. Niemand durfte den Romanesco anrühren, kochen, geschweige denn essen, bis er braun und schleimig wurde und man ihn in den Kompost werfen musste.

Eleonore hätte mit ihrer Tochter gern die Mädchenspiele aus ihrer eigenen Kindheit gespielt: Kaufmannsladen, Vater-Mutter-Kind, Barbiepuppen an- und ausziehen, etc., aber Erna wollte nicht.

Erich hingegen hatte Glück und konnte Erna fürs Bauen gewinnen. Kleine und immer größere Häuser wurden zunächst mit Klötzchen, dann mit Lego, schließlich mit den Schrauben, Leisten und Verstrebungen von Fischertechnik erstellt. Die Gebäude wurden überdies mit Energie und einem eigenen Fuhrpark versorgt. Elektronikbausätze, Experimentiersets für erneuerbare Energien, Auto- und Maschinenbaukästen wurden angeschafft, schließlich sogar ein Modellbausatz für einen elektrischen Roboterarm mit fünf Motoren und Steuereinheit, sowie einen Bausatz für eine Cyborghand. Erich schwelgte in Vaterfreuden, zusammen mit seiner Tochter verschwand er tagelang in seinem Arbeitszimmer. Rechnen, Lesen und Schreiben lernte Erna wie nebenbei.

Ernas erster Schultag

Das Schulgebäude stand in einem neu erbauten Viertel am Stadtrand. Die Architektur der neuen 'weißen Moderne' war wieder einmal en vogue, Bauhaus und die Vororte von Tel Aviv hatten Pate gestanden, viereckige Kuben waren aufeinander gestapelt worden, die bis dahin üblichen Giebeldächer waren von Flachdächern verdrängt worden, die Balkone, kleine viereckige Kästen, klebten hie und dort an der Außenfassade, damit die Einwohner ins Freie treten und von oben einen Blick auf schmucklose Grünflächen werfen konnten.
Das Schulhaus unterschied sich im Wesentlichen nur durch seine Größe von den umgebenden Häusern. Ein Quergebäude mit zweimal vier Reihen á zwanzig Fenster wurde durch einen vorspringendes Treppenhaus unterbrochen, dem ein gläserner Kubus – der Eingangsbereich – vorgelagert war. An das Gebäude schloss sich ein großer fensterlosen Kasten an, vermutlich die Turnhalle.
Erna war nicht dazu zu bewegen, das Gebäude zu betreten. Schreiend warf sie sich zu Boden, tobte so laut, dass Erich und Eleonore, verlegen die Blicke der anderen Eltern meidend, schleunigst ihr Kind wieder ins Auto bugsierten.
„Warum, Erna warum?
„Da ist nichts, da gibt es keine Häuser und erst recht keine Schule!“
„Doch Erna, da gehen viele Kinder hinein, die aus deinem Kindergarten sind auch dort.“
„Sie sind alle weg.“

„Nein, sie warten auf dich. Sie freuen sich.“
„Ich kann sie nicht sehen.“
„Aber es sind doch deine Freunde.“
„Jetzt nicht mehr, sie sind verschwunden.“
„Wohin?“
„Weiß nicht.“
„Sind sie nicht.“
„Wenn ich da reingehe, verschwinde ich auch.“
„Warum?“
„Weil es da nichts Schönes gibt.“
„Wenn nichts Schönes da ist, verschwindet man?“
„Ja.“
„Nur das Schöne ist also real? Als ob ich es geahnt hätte“, seufzte Erich.

Zuhause nahm er Erna an die Hand und ging mit ihr ins Arbeitszimmer: „Komm mit, wir spielen was.“
Er platzierte Erna auf den Stuhl neben sich, legte einen großen Bogen Zeichenpapier auf den Tisch und drückte ihr ein Lineal in die Hand. „Propier mal!“
Erna fuhr mit dem Stift die Kante entlang, betrachtete das Ergebnis. „Eine gerade Linie, einfach so.“
„Sieht gut aus, so gerade wie die Oberfläche von einem See.“
„Ja.“
„Wo ist die Mitte von der Linie?“
Erna setzt einen Punkt auf die Gerade, teilt sie in annähernd zwei gleichlange Hälften.
„Na, das klappt ja gut. Dann zeichne doch mal die Eckpunkte von einem Dreieck mit drei gleichlangen Seiten auf das Blatt.“
Erna tat, wie ihr geheißen, während Erich einen Würfel mit nur drei Zahlen: 1, 2 und 3, aus der Schublade kramte und die Ecken des Dreiecks mit den Zahlen kennzeichnete.
„Mal irgendwo einen Punkt hin!“
„Egal wo?“

„Egal!"
Erna setzte einen roten Punkt in die obere Hälfte des imaginären Dreiecks.
„Jetzt würfle!"
Erna würfelt eine zwei.
„Nun leg das Lineal so hin, dass es vom deinem Punkt zur Ecke Zwei zeigt und markiere die Mitte von der gedachten Linie."
Ein zweiter roter Punkt wurde gezeichnet.
„Würfeln!"
Erna würfelt ein drei.
„Und jetzt legst du das Linieal wieder so hin, dass es von deinem neuen Punkt eine Linie zur Ecke drei gibt und markierst wieder die Mitte."
Erna, die sich eifrig in der Handhabung des neuen Zeichenwerkzeuges übte, brachte eine enorme Vielzahl von Punkten aufs Papier, bevor ihr langweilig wurde.
„Jetzt lassen wir den Computer die weitere Arbeit machen", sagte Erich und platzierte den Laptop auf dem Tisch. Eine Zeichenfläche mit drei Eckpunkten, wie die auf ihrem Blatt, tauchte auf. Erich gab eine Formel ein und der PC fing an, in schneller Folge Punkte zu zeichnen.
„Der macht genau das, was wir gemacht haben! Welchen Befehl hast du ihm gegeben?", fragte Erna.
„Sowas lernt man nur in der Schule!"
Erna grinste.
Als das Programm bei seinem 250ten Punkt angelangt war, zeichnete sich auf dem Bildschirm etwas ab, was Erna kannte. Beim 4500tenPunkt stoppte Erich das Programm. Vor ihnen war das Sierpinski-Dreieck entstanden!
Erna bleib der Mund vor Staunen offen stehen.
„Wenn eine Form Kinder kriegt und sie alle weiter mit sich herumschleppt, nennt man das Fraktal", sagte Erich.
„Wie eine Familie?"
„Ja. Es kommt noch besser, denn davon gibt es mehrere.

Spielen wir das Spiel doch mal mit zwei Dreiecken.“

Er gab die Eckpunkte zweier langezogener Dreiecke ein, ordnete sie in einer bestimmten Weise zueinander an und ließ das Programm arbeiten. Es war unheimlich, wie bestimmte Flächen ausgelassen wurden, weiß blieben und nicht e i n e n Punkt abbekamen. Allmählich kristallisierte sich die Struktur des Barnsley Farns heraus[1]. Erna lachte, sprang auf, hüpfte im Zimmer herum. „Das Schöne ist also auch im Computer drin!“, sagte sie.

„Meinst du das ernst?“

„Ja!“

„Versuchen wir das Spiel mit einem Fünfeck. Du wirst sehen, da kommt auch was Schönes dabei heraus!“

Ein Vielzahl kleiner Fünfecke bildeten den Blütenstand einer Computerblume.

„Jetzt probieren wir es mit vier Eckpunkten!“ Das Programm zeichnete eine Unmenge Vierecke.

Ernas Miene verdüsterte sich. „Naja, so richtig toll ist das nicht, nicht mal halbschön. Langweilig.“

„Aber genauso echt, genauso real wie die Formen davor. Ist alles im Computer drin. Das musst du zugeben.“

„Irgendwas ist da falsch!“

„Geh in die Schule und finde es heraus!“

Erna seufzte: „Also gut.“

Das, was Erna lernen wollte, lernte sie in der Schule nicht, dafür viele andere Dinge. Zunächst natürlich, wie sie die Eintönigkeit viereckiger Formen und Flächen aufheben konnte, indem sie eine Vielzahl von Markierungen an den Außenfassaden und Innenflächen anbrachte, ohne erwischt zu werden. Da sie sich auf kleine Zeichen beschränkte, klappte das ganz gut.

Schnell wurde ihr dabei klar, dass auch sie selbst nur ein kleiner Punkt innerhalb eines großen dynamischen Prozesses war und es in der Schule mehr auf Gleichförmigkeit als auf

Besonderheit ankam. Kein Lehrer interessierte sich dafür, was sie gut konnte. Alle waren im Wesentlichen nur mit der Verwaltung der Schülerschaft und der Normierung von Denken und Verhalten beschäftigt. Viel Schönes gab es in der Schule nicht. Doch wenn sie im Mittelmaß verblieb und unauffällig im Strom mitschwamm, konnten die Schäden, die die Gleichschaltung in kindlichen Seelen gemeinhin anrichtet, gering gehalten werden.

Adoleszenz

Pubertäre Hormonstürme trafen Erna mit voller Wucht. Ein paar Jahre lang beschränkte sich ihre Sehnsucht nach Schönheit auf die Achsensymmetrie männlicher Körper, auf ein bestimmtes Verhältnis von Schultern, Taille und Hintern, von Kieferbreite zu Augenabstand und Höhe der Stirn. In ihrem Gehirn wiesen verschiedene Cortices, sowie Amygdala und Inselrinde fast ununterbrochen starke neuronale Aktivität auf. Mehrere Auserwählte wechselten in rascher Folge, bevor Erna schließlich auf Eduard hereinfiel. Was es an Verbotenem auszuprobieren gab, das wurde von ihnen getestet, Drogen konsumiert, Gesetze übertreten und das Gymnasium, das Erna mittlerweile besuchte, mit Schriftzügen á la 'ACAB' verunstaltet. Obzwar noch im Hormonstrudel befangen, fand Erna jedoch allmählich zu dem zurück, was sie interessierte. Die wilden Kritzeleien wichen formschönen Darstellungen von Julia- und Mandelbrotfraktalen.

Eines Tages wurde sie beim Sprayen erwischt. Der Hausmeister brachte sie zum Direktor:
„Frau Kabülke, warum machen Sie das?"
„Der Schönheit wegen."
„Schönheit liegt im Auge des Betrachters."
„Nicht so ganz. Menschliche visuelle Fähigkeiten sind seit je-

her auf das Erkennen fraktaler Muster geprägt. Meine Mutter stellt Untersuchungen darüber an, wie fraktale Umgebungen Stress mindern."

„Sie wollen damit sagen, dass sie unsere Wände wegen irgendwelcher obskurer psychologischer Tests verunstalten?"

„Die Tests meiner Mutter sind alles andere als obskur. Probanden, die während einer Prüfungssituation fraktale Strukturen betrachten durften, zeigten bis zu 44 % weniger Stressreaktionen als ihre bedauernswerten Kollegen beim Starren auf monotone Flächen."[2]

„Das ist eine billige Ausrede!"

„Der Anblick monotoner Aneinanderreihung viereckiger Flächen in kastenförmigen Bauten, von trostlosen, langweiligen Fassaden verursacht psychische Schäden. Das ist Körperverletzung, damit missbrauchen Sie das Vertrauen ihrer Schützlinge. Ich korrigiere nur Ihre Fehler."

„Das geht zu weit. Sie sind eine unverschämte Schmiererin. Purer Vandalismus. Sie bringen hier alles durcheinander."

„Weil Monotonie und Gleichförmigkeit die eigentlichen Ziele ihrer Erziehung sind?"

„Frau Kabülke, wenn Sie hier ihr Abitur machen wollen, werden Sie sich anpassen müssen."

Man zwang Erna, ihre wunderschönen Bilder zu übermalen. Apfelmännchen für Apfelmännchen verschwand unter fadem Hellbeige.

Eduard

Eduard war überaus ansehnlich. Er hatte lange Beine und sein Rücken mündete in eine göttlich schmale Taille. Der Oberkörper bildete ein fast perfektes Dreieck, das Gesicht war völlig ebenmäßig und der Ansatz seiner tiefschwarzen Haare bildete eine kecke Spitze über einer hohen Stirn. Er sagte so Sätze wie: „Was ist, kann, was es ist, nur sein im Kontrast zu

einem anderen und erfasst von einem Dritten."[3]
oder: „Alles Dasein ist dreidimensional, nichts ist es nicht."[4]
Wenn er so etwas sagte, wurde Erna ganz warm zwischen den Beinen und sie rückte dicht an ihn heran: „Wieso muss das Seiende von einem Dritten erfasst werden?"
„Denke dir die altbekannten Gegensatzpaare: Weib und Mann, Gott und Welt, oben und unten, gut und böse, Yin und Yang. Beide existieren, haben nichts gemeinsam, wie aber können sie voneinander wissen, wenn es nicht ein drittes gibt und zwar das Erkennende?"
„Adam erkannte sein Weib Eva, und sie ward schwanger und gebar Kain?"
Wenn Eduard sie von sich wegschob, spannten sich seine Bizeps in beeindruckender Weise. Erna nahm sich jedes Mal vor, bei Gelegenheit mit einem Zentimetermaß nachzumessen. Niemand hatte so prächtige Oberarme wie Eduard.
„Nein, nicht so ein Erkennen. Nennen wir es Erfassendes. Welches im Moment des Erfassens aber selbst nicht mehr erfasst wird. Da ist der Moment des reinen Erfassens schon wieder verschwunden. Flüchtig wie der Wind."
„Apropos: Du könntest mich mal anfassen und nicht nur flüchtig."
Eduards blaue Augen leuchteten dunkler, wenn er sich ärgerte.
„Jetzt hör schon auf, es gibt doch noch was anderes als Sex."

Für diesmal gab Eduard ihrem Drängen nach, versuchte es aber immer wieder, Erna seine Gedanken über die Trialektik näher zu bringen: „Die Welt ist dreidimensional."
„Ja klar. Höhe, Breite, Tiefe!"
„Die Ausdehnung der Materie im Raum, Höhe, Breite und Tiefe bestimmen nur die Grenzen eines Objektes. Ich würde das „Grenze" nennen. Die zweite Dimension wäre die Richtung, in der sich etwas bewegt, also die Erfassung der Zeit, in der das Objekt einem veränderlichen Prozess unterworfen

ist. Sie soll „Richtung“ heißen
„Und deine dritte Dimension?“
„Ist die Stofflichkeit der Materie selbst, denn so wie Raum und Zeit nur Konstrukte des menschlichen Denkens sind, so ist auch der – mehr oder weniger feste - Stoff eine gedankliche Vorstellung. Denk an die Quantenphysik.“
Wie verführerisch sich Eduards volle Lippen öffneten und schlossen, um dieses zauberhafte Wort 'Quantenphysik' zu entlassen!
„Der Stoff der Materie ist ihr 'Gehalt'.
„Halt mich“, hauchte Erna.
„Wir haben also die Dimensionen 'Gehalt', 'Grenze' und 'Richtung'. Mit den Kriterien der dreidimensionalen Trialektik lässt sich alles auf der Welt beschreiben, vom Apfel über eine Maschine bis hin zu einem Gedankengebäude.“
„Eine Weltbeschreibung, soso. Dein Penis zum Beispiel ist zunächst nur von mittelgroßem Gehalt, wenn ich ihn aber in die Hand nähme, würden sich seine Grenzen erweitern und schließlich würde er in eine ganz bestimmte Richtung tendieren? Ist es das?“
Wieder landeten sie im Bett.

Fortpflanzung

Drei Eizellen waren gleichzeitig in warmer feuchter Umgebung herangereift, eine prächtiger und schöner als die andere. Jetzt war der Augenblick gekommen, dem alles Wachsen und Reifen gegolten hatte. So prall und wohlgeformt waren sie, dass ihnen das Verlassen des Eierstocks und Hinausstoßen ins Freie keine Mühe bereitete. Nur vorwärts, nur vorwärts, ihr Glückskugeln, ihr rollenden Verheißungen, drängt euch dem Leben zu! Wagt todesmutig den Sprung in den bereitwilllig weit aufgespannten Trichter des Eileiters. Springt ihr Göttergleichen, wendet euch zum Neuen, zum Zukünftigen!

Und dann war es geschafft, der Sprung gelungen. Alle drei durchmaßen liebevoll einander umkugelnd, spielerisch von Wand zu Wand rollend, hüpfend, springend, hell juchzend in geschwisterlicher Liebe den nassglänzenden Tunnel, bis sie schließlich auf eine milchige Wolke trafen und von ihr gänzlich umhüllt wurden.

Hunderte von Spermien hatten sich bereitgehalten, hatten auf irgendetwas gewartet, irgendetwas erhofft, aber nichts Genaues gewusst, doch wichtig musste es sein, bedeutsam. Dann endlich waren sie in einen gewaltigen Sog geraten und halb bewusstlos ihrer Bestimmung entgegengetaumelt. Als sie wieder zu sich kamen erkannten sie, dass sie auf einem fremden Planeten gelandet waren, einem freundlichen Himmelskörper. Denn himmlisch war die neue Welt zu nennen, warm und weich, dabei drängend fest und muskulös.

Voran ging es, voran ging es, galt es doch, diese neue Heimstatt zu erobern.

Alle Pforten standen den kraftvollen Gesellen offen, allesamt prächtig anzusehen, mit ihren geschwollenen Köpfen und kräftig wedelnden Schwänzen. Was sie wohl mit sich brachten, die Gesandten aus dem All, welches Geschenk, welche Botschaft?

Weit bergan ging es, dann geradeaus, hoch und nieder, um weichgeschwungene Kurven herum, bis sie sie endlich erblickten, die Kugeln, die wie drei Sonnen über dem Horizont des fremden Gestirns aufgegangen waren. Nur hinan, hinauf zu ihnen, das Glühende durchmessen, das sie umgab, um das Leuchten zu ergründen, von dem ihr Innerstes erfüllt schien.

Doch ach, nur drei von ihnen gelang es, mit energischem Drücken und Schieben den Wall zu durchstoßen, der diese köstlichen Gebilde umgab und ins Innere, dorthinein ins Göttliche, zu dringen.

All den armen Kameraden hingegen war nicht solches Glück beschieden, entmutigt, kraftlos sanken sie hernieder.

Kinder und Karriere

Ernas Abitur wurde trotz dickem Schwangerschaftsbauch mit einem Schnitt von 1,7 bestanden. Das würde für ein Architekturstudium an der TU in Berlin reichen.

Außerdem brachte sie drei gesunde Mädchen zur Welt, blieb jedoch bei ihren Eltern wohnen. Eleonore und Erich schwelgten in höchsten Großelternfreuden. Eleonore würde endlich wieder Mädchenspiele spielen können! Erna widmete sich drei Jahre lang ausschließlich den Drillingen, war erschöpft und glücklich und ließ sich sterilisieren. Eduard spielte den Wochenendpapa, war jedoch immer noch mehr der Trialektik zugeneigt:

„Das dreidimensionale Ordnungsschema macht sogar den Lauf der Welt beschreibbar. Denk doch nur an die drei Weltreiche, die Europa erlebte. Das erste Reich war das der Griechen. Es war noch statisch. Die unveränderbare Form der ägyptischen Pyramiden, das festgemauerte Oben und Unten bestimmte seine Weltsicht. Die Welt war ganz Materie, war ganz Gehalt, war existent, war pures Sein. Die Dinge an sich existierten. Allerdings fingen die Priester, Hüter der Magie, allmählich an, über die Welt nachzudenken.

Das nun markiert den Übergang zum zweiten Reich, zum römischen. Das analytische Denken erfasst die Form des Seins, Rom ist das Symbol für die Macht der erkannten Form. Denk doch nur an die römische Gesetzgebung, pure Form, strenge Analytik. Die Priester, bisher Hüter der Riten, wurden zu Entdeckern neuer Gesetze. Doch das Heraufbeschwören der Form, der Grenzenhaftigkeit der Dinge, gleicht dem Tanz um das goldene Kalb. Die Welt wird mechanistisch, inhaltsleer. Es fehlt ihr etwas, es fehlt ihr die Richtung.

Das Wohin, der Wille sind die Zeichen des dritten Reiches.

Gehalt und Gesetz treten in den Hintergrund, die Richtung besteigt den Thron. Das dritte Reich wird ein dynamisches sein, es zielt in eine bestimmte Richtung. Das dritte Reich ist fast nur Wille.“

In Ernas Hirnregionen zeigte sich in allen relevanten Cortices keinerlei neuronale Aktivität.
Doch schienen die Areale, die mit Emotionen – diesmal mit äußerst negativen – in Verbindung gebracht werden, also Amygdala und Inselrinde, stimuliert zu sein.
„Und dein Wille zur Macht oder zu sonst was zeigt jetzt in die richtige Richtung? Was ist denn das für ein gottverdammter Blödsinn. Wer will sich heutzutage noch so einen monistischen Unsinn anhören“, keifte Erna.
„Du verstehst mich eben nicht“, murmelte Eduard.
„Nein, und es reicht mir jetzt auch. Nächsten Monat ziehen meine Eltern, die Mädchen und ich nach Berlin und ich fange mein Studium an. Du bleibst hier, dich will ich nicht dabeihaben.
Ach, eines noch: Ich rate dir, von deiner unglücklichen Fixierung auf die Zahl 'drei' abzulassen. Man kann es wirklich übertreiben!“

Nachtrag 1

Die FAZ berichtet sechs Jahre später:

„Barcelona.
Das Architekturbüro Kabülke aus Berlin gewinnt in diesem Jahr zum zweiten mal hintereinander den europäischen Preis für Architektur. Vater Erich Kabülke, seine Tochter Erna und ihr Team werden ihren Entwurf verwirklichen können.
Die Pläne für das Estadi de futbol Pep Guardiola nahe Barcelona zeigen die fraktale Struktur, die mittlerweile das Markenzeichen der 'Kabülke-Architektur' ist. Ihre Bauten fügen sich stets harmonisch in die umgebenden natürliche oder urbane Struktur ein. Sie finden weltweit viele Nachahmer.“

Nachtrag 2

Eduard intensivierte seine spirituelle Suche und erwarb umfangreiche Kenntnisse in okkulter Magie und Zahlenmystik.

[1] Numberphile, Film von Brady Haran
https://www.youtube.com/watch?v=kbKtFN71Lfs

[2] Koch, Julia, Das Auge chillt mit, Neuroästhetik, Spiegel Nr.13/26.3.2022 S.102

[3] Kynast, Pierre, Trialektik, Entwurf eines metaphysischen Schemas zur Beschreibung und Beherrschung der Wirklichkeit, pkp Verlag, 2013, S.9

[4] ebda S. 32

Katze

Ein Schleier liegt über den Augen der Katze. Müder Blick aus verhangenen Fieberaugen. Weißliches Sekret in den Augenwinkeln. Sie niest heftig dreimal, viermal hintereinander. Wellen gehen durch den Körper, kurz gerät sie aus dem Gleichgewicht.
Ursula will ihr beruhigend über den Kopf streicheln, so wie sie es mit ihren kranken Kindern machte, aber das Tier duckt sich unter ihrer Hand weg, windet sich, um der Berührung zu entgehen. Dann schnürt sie an der Wand entlang zum Kachelofen, legt sich auf die Ofenbank und versteckt alle vier Beine unter den Körper, schließt die Augen.
Kein Zweifel, die Katze ist krank.

Ursula macht einen Termin beim Tierarzt aus. Im Behandlungszimmer stellt sie den Käfig auf den Tisch und zerrt die Katze heraus. Sie wehrt sich ein wenig, aber nicht sehr. Dabei spürt Ursula, wie warm ihr Bauch ist.
„Sie fühlt sich an, als hätte sie Fieber“, sagt sie und wehrt das Thermometer ab, dass der Arzt in den After schieben will. „Das merkt man auch so.“
Der Doktor legt daraufhin den Kopf des Stethoskops an den Brustkorb und horcht nach dem Herzschlag. „Sehr angestrengt. Wollen Sie mal hören?“ Er reicht ihr das Gerät. Sie steckt sich die Oliven in die Ohren. Das Herz ihrer Katze schlägt wie ein Hammer.
„Eine Infektion ist es auf jeden Fall“, sagt er, legt den Kopf des Hörgeräts wieder an, kontrolliert die tiefen Lungengeräusche und die der Bronchien. Tastet nach den Lymphknoten am Unterkiefer.

„Die kalten Nächte, eine Tonsillitis und leichte Bronchitis." Zu seiner Assistentin gewendet: „Was verträgt sie?" Die schaut im Krankenblatt nach und nennt ihm den Namen des Antibiotikums, das in den vergangenen Jahren gut gewirkt hat. Er zieht eine Spritze auf.

„Die Augen sind auch verklebt, sagen Sie?" Er hebt den Kopf der Katze an, stutzt, sieht Ursula verblüfft an. „Haben Sie das gesehen?"

„Der Augenausfluss ist manchmal gelbgrün."

„Ja schon, sicher, Sie bekommen eine Salbe."

„Danke."

„Das meine ich aber nicht. Seit wann hat sie das, das andere?" Die Katze hat sich auf dem Tisch niedergelassen und die Beine wieder unter den Körper gezogen, starrt vor sich hin, wartet, zittert. Ursula fragt sich, was der Arzt wohl meine. Ganz offensichtlich ist ja alles anders als sonst; das Fell ist stumpf, die Muskeln sind schlaff, die Bewegungen kraftlos, das Köpfchen gesenkt, der Blick teilnahmslos. „Sie hat ja auch eine Erkältung, nicht wahr?"

Der Tierarzt nickt, schluckt, als ob er etwas sagen wolle, sich aber nicht traue.

„Können Sie mir zwei Augensalben mitgeben?", bittet Ursula.

Tierarzt

Als Ursula mit der Patientin gegangen ist, wendet sich der Veterinär an seine Assistentin. „Ist Ihnen etwas aufgefallen?"

„An Frau S.?"

„Nein, an der Katze. Haben Sie nichts gesehen?"

„Jetzt, wo Sie es sagen. Ich habe mich gewundert, dass Frau S. gleich zwei Salben wollte."

„Aber am Tier selber?"

„Ich muss gestehen, dass ich weniger auf die Patientin und

mehr auf die Karteikarten geschaut habe und die Abrechnungen, wissen Sie, jetzt ist Monatsende und da habe ich ja immer soviel zu tun. Ich muss mich sputen."
„Ja ja, schon gut." Der Tierarzt winkt ab, entlässt seine Mitarbeiterin in ihr Büro.

Als sie gegangen ist, setzt er sich an den Schreibtisch, öffnet eine Schublade und nimmt eine Schachtel Zigaretten heraus, behält sie unschlüssig in der Hand. Eigentlich wollte er mit dem Rauchen aufhören, die Zeit bis zur Rente möglichst gesundheitsbewusst gestalten, brav sein, vorsorgen, ein paar Dinge regeln und es erst im Ruhestand so richtig „krachen" lassen.
Doch seit er diese Krankheit hat, verursacht ihm der Gedanke an die Zukunft Unbehagen. Dinge, die er nicht sehen wird, Geschehnisse, die ihn nicht mehr betreffen, von denen er nichts mehr hat, wenn seine Körperfunktionen reduziert werden. Einer Gurke wird es egal sein, ob die Zeiten rosig sind, einen Blumenkohl interessieren keine Städtetrips oder Fernreisen.
Leider macht sich die Krankheit schneller als gedacht in seinem Kopf breit. Sie verursacht bereits Halluzinationen. Die Besonderheit am Kopf der Katze existiert ausschließlich als Bild in seinem Gehirn. Schlimmer noch, viele derartige Absonderlichkeiten werden ihm von jetzt an begegnen und das Bild der Welt, wie er es kennt, total verändern. Träume werden sein Leben bestimmen und alle Wirklichkeit verdrängen. Statt Jahren bleiben ihm nur noch Monate zu leben.
Er steckt sich eine Zigarette an, lehnt sich zurück und formt eine lange Reihe von Rauchringen. Sein Urgroßvater, der tapfere Oberst der ersten königlich-bayerischen Kavalleriedivision kommt ihm in den Sinn. Der stolze Mann, hoch zu Ross und prächtig anzusehen, hat aus den ersten Weltkrieg ein Opiumpfeifchen mit nach Hause gebracht, das seither in der Familie gehütet wird und zuhause im Schrank liegt. Er

sucht nach der Telefonnummer eines Freundes aus wilden Studententagen. Der soll ihm das Rauschgift besorgen. Das wird er auf das kleine metallene Pfeifensieb legen, anzünden und tief inhalieren.

Assistentin

Von ihrem Jungmädchentraum war der tiermedizinischen Assistentin nicht viel geblieben. All′ die kleinen süßen Plüschkugeln aus den Instagram- und Youtubevideos wurden unweigerlich erwachsen und waren fortan alles andere als niedlich. Sie kackten, pissten, stanken und knurrten. Eine Maus stanzte ihre Vorderzähne so tief in die Fingerkuppe ihres Zeigefingers, dass sie daran hängenblieb, als sie die Hand zurückzog. Der in dreimonatigen Abständen zum Schnabelkürzen einbestellte Papagei stieß laute Drohrufe aus und gebärdete sich wie ein Verrückter, wenn sie sich dem Käfig auch nur näherte. Ein Dobermann biss sie in den linken Ellenbogen, nachdem er ihr aus der rechten Hand gefressen hatte.
Seitdem mied sie den Kontakt zu Tieren. Trost boten fortan nur die sorgsam geführten Karteikarten und korrekten Abrechnungen. Da gab es keine bösen Überraschungen, keine Unwägbarkeiten.

Nachdem sie dem Chef versichert hat, nichts, absolut nichts Besonderes, gesehen zu haben, kehrt sie nun an ihren Schreibtisch zurück und wirft im Vorbeigehen einen Blick ins Wartezimmer. Dort warten drei Patientenbesitzer mit ihren Tieren. Ihr wäre es lieber, es wären besser vier, oder noch besser - nur zwei.
Sie hat zwei Freundinnen, mit denen sie sich gesondert trifft und zwei Liebhaber, die nichts voneinander wissen. Ihre Haus-, Steuer-, Passnummer, die Nummer auf ihrem Personalausweis, sämtliche Pins und sonstige Zahlenkombinatio-

nen, die in ihrem Leben eine Rolle spielen, enden auf geraden Zahlen, überdurchschnittlich oft auf der Zahl zwei. Auf ihrem Schreibtisch liegen zwei Kugelschreiber, stehen zwei Fotos, eines mit ihren Eltern, das andere zeigt ihre zwei Brüder. Sie hat zwei Telefone.
Sie nimmt die Plastikabdeckung von ihrer Rechenmaschine und schlägt das altmodische Buchungsjournal auf. Amerikanische Buchhaltung, doppelt gebucht auf grauen und weißen Spalten. Kein PC, keine „Lex ware", keine Cloud, kein Computerabsturz. Papierjournale überstehen jeden Hackerangriff. Die ruhige Insel der Buchhaltung, mitten im Meer unvorhersehbarer Anomalien und Zumutungen, ist sicherer Zufluchtsort.
Doch heute ist ihr ein Fehler beim Zusammenzählen der Zahlenkolonnen unterlaufen, etwas, dass bei ihr höchstens zweimal im Jahr vorkommt und nur bei außergewöhnlicher Beanspruchung ihrer Psyche. Die Endsumme stimmt nicht. Eine dumpfe Vorahnung macht sich in ihr breit, wie Sirup, der aus einem umgestoßenen Glas ausläuft und sich langsam aber unaufhaltsam auf dem gesamten Tisch ausbreitet. Es könnte sein, dass sie zwei Zahlen vertauscht hat. Den Zahlendreher erkennt sie daran, dass sich der Fehlbetrag durch neun teilen lässt. Diesmal macht die Abweichung siebenundzwanzig Cent aus. Dreimal die verflixte Drei und dann nochmal mit der Teufelszahl multipliziert.
Die Katze ist schuld, die hat sie abgelenkt. Was für ein grauenvoller Tag!
Ab heute wird sie sich intensiv nach einer neuen Stelle umsehen.

Vorgeschichte

Katze

Der Druck im Schädel nahm stetig zu. Sie rieb den Kopf am Türrahmen, nicht, um ihren Duft zu hinterlassen, sondern um Gegendruck zu erzeugen. Sie versuchte auch, ihn mit den Pfoten wegzuwischen, doch vergeblich. Das unangenehme Gefühl konzentrierte sich zunehmend auf die Mitte ihrer Stirn, wurde zum Stechen.

Die Katze verzog sich unter die Büsche im hinteren Teil des Gartens, schlief den größten Teil der Zeit und kam nur ab und zu heraus, um etwas von dem Futter zu fressen, das die Nachbarin auf die Terrasse stellte. Ursula war fort.

Dann bemerkte die Katze beim Putzen, dass sich auf ihrer Stirn ein Höcker bildete, der zunächst sehr hart war, aber immer weicher wurde. Wenn sie weiter daran rieb, würde er aufplatzen. Der Schmerz würde aufhören, sie könne sich säubern und die Sache wäre überstanden.

Tatsächlich ließ der Druck nach, doch ohne dass die Haut einen Riss bekam. Es war vielmehr, als habe der Schädelknochen an dieser Stelle nachgegeben. Dafür wurde die Oberfläche des Gebildes seltsam berührungsempfindlich. Schon der kleinste Reiz wanderte an – offenbar – neugeschaffenen Nervenbahnen entlang ins Gehirn und wurde als warm oder kalt, zart oder grob registriert. Auch fühlte sich der Knubbel nicht so heiß wie die vielen Abszesse an, die die Auseinandersetzungen mit den Rivalen normalerweise mit sich brachten. Stattdessen veränderte sich das Gebilde fortwährend. Ein paar Tage später schien es von zarter Haut bedeckt, quer über seine Mitte zog sich ein feiner Haarstrich.

Die Katze spürte in ihrem Gehirn etwas wachsen. Kein Schmerz, kein Druck, es war eher ein angenehmes Gefühl, als ob etwas Neues begänne.

Auch um sie herum veränderte sich viel. Die Nacht wurde

voller, intensiver. Zwischentöne, Schattierungen dort, wo vorher tiefes Schwarz herrschte, ein Schwanken und Zittern, wo zuvor nur die Schnurrhaare Vibrationen erfasst hatten. In den Träumen war nun ein einziges Wirbeln, Raunen, Umfangen in hellen leuchtenden Farben. Am Morgen erwachte sie daraus mit einem freudigen, erwartungsvollen Gefühl und trug die leuchtenden Reflexe in den Tag hinüber. Sogar der Garten schien ihr weiter und heller als zuvor. Es gab Farben, die sie noch nie gesehen oder vielmehr gespürt hatte. Dafür verwandelten sich die Pflanzen und Lebewesen in undeutlich wogende Gebilde wie auf dem Grund eines lichtdurchfluteten Meeres. Ihre Bewegungen verlangsamten sich. Insgesamt schien alles bedeutender, voller.

Die Katze verspürte unbändigen Appetit, wollte aufspringen, zur Terrasse hinüberlaufen, den Tag beginnen. Doch zu ihrem Entsetzen gehorchten ihr die Beine nicht. Die Pfoten konnten nicht mehr in einer Linie voreinander gesetzt werden. Stattdessen taumelte sie und fiel hin, konnte sich nur mit äußerster Mühe vorn wieder hoch stemmen. Jedoch konnten die Hinterbeine nicht richtig angewinkelt, die Hüfte nicht gedreht werden. Sie sank zurück, holte tief Luft und versuchte wieder, sich zu erheben. Immer und immer wieder. Erst gegen Abend hatte sie ihren Körper soweit unter Kontrolle, dass sie mäandernd den Weg zur Terrasse bewältigen und endlich fressen konnte. Minuten später erbrach sie das Futter.

Erst nach vier Tagen war sie in der Lage, den höchstens zehn Meter langen Weg vom ihrem Gebüsch zur Nahrung in weniger als einer halben Stunde zu bewältigen und das Gefressene bei sich zu behalten. Von da an wurde es besser. Die Wolken und Lichtreflexe verschwanden, dafür gewann alles um sie herum an Kontur und Schärfe. Die Gegenstände waren präsenter als je zuvor, die Grashalme spitzer, der Flug der

Insekten berechenbarer. Die Mäuse hoben sich stärker von der Umgebung ab, wirkten plastischer. Ihre neue Rundlichkeit wird ihnen zum Verhängnis.
Als die Katze wieder volle Gewalt über ihren Körper erlangt hatte, wurde sie zum Schrecken ihrer Beute und zur Geißel ihrer Rivalen, denn nun war sie bei Tag und bei Nacht allen anderen haushoch überlegen.

Ursula

Seit die Kinder aus dem Haus waren und die Scheidung sie zu einer vermögenden Frau gemacht hatte, konnte Ursula nichts Rechtes mit sich anfangen. Die Gartenarbeit langweilte sie, das Haus war bereits trefflich dekoriert, die Schränke barsten vor Klamotten und mehr als drei Mahlzeiten pro Tag konnte sie nicht einnehmen. Ihre Tage dehnten sich endlos.
Ursula entschloss sich, einen Französischkurs in der Volkshochschule zu besuchen. Sie hatte schon immer einen Faible für französische Filme, in denen viel und ausdauernd geredet wurde. Im Verlauf des Kurses merkte sie, dass es nicht so sehr die Sprache an sich war, sondern die Alltäglichkeit der Gespräche, die aneinandergereihten Belanglosigkeiten, die sie an den französischen Kinostreifen so fasziniert hatten. Sie gaben ihr die Gewissheit, im ruhigen Gleichmaß des Lebens mitzuschwingen. Das Gefühl in ihr steigerte sich, je sinnloser und unzusammenhängender die Dialoge waren, je weniger von Handlung begleitet.
Dann wurde ihr klar, dass alle laufenden Bilder dem wahren Leben nachgebildet waren, nicht nur dem in Frankreich, sondern auch dem in ihrer eigenen Stadt. Von da an verbrachte sie ihre Vormittage bei Starbucks, Mc Donalds oder Burger King und hörte den Frühstückenden am Nebentisch zu. Dabei erfreute sie sich an sinnlosen Floskeln und daher geplapperten Nichtigkeiten. Leider gab es diese nur in be-

grenzter Zahl, da die meisten Leute sich wenig Zeit für das Frühstück nahmen. Ertragreicher waren die nachmittäglichen Runden betagter Damen in plüschigen Cafés. Die Kaffeetanten hatte jahrzehntelange Übung im Aneinandervorbei-reden und taten es mit Inbrunst und Überzeugung. Während die eine beispielsweise lang und breit die Misshelligkeiten ihrer Krankheit ausbreitete, gab die andere – dabei in regelmäßigen Abständen die erstere in ihrem Leid bestätigend – eine Geschichte über die Unbotmäßigkeit ihrer Schwiegertochter zum Besten. Zu ihrer Belustigung hörte Ursula in der darauffolgenden Woche dieselben Geschichten zum zweiten Mal. Sogar einzelne Sätze wurde wortgetreu wiederholt, als handele es sich um ein absurdes Theaterstück, das die Damen in aller Ernsthaftigkeit probten. Hätten sie auch nur über einen Hauch von Frivolität verfügt, hätten sie in jedem französischen Film mitspielen können.
Dabei gewann Ursula endlich d i e Klarheit und Einsicht, nach der sie sich gesehnt, die sie insgeheim schon immer geahnt hatte, aber nicht hatte formulieren können: Das alltägliche Leben war ein sinnloses und oberflächliches Theater, ein Aneinanderreihen belangloser Geschehnisse. Das wahre Leben, die wahre Realität verbarg sich irgendwo dahinter. Sie musste sich nur aufmachen und nach ihr suchen!

Kiran Bandara

Kiran Bandara hielt nach Westlern Ausschau, die in ihrem Leben noch nicht von einer der in regelmäßigen Abständen heranrollenden Esoterikwellen erfasst worden waren. Jungfräuliche, unbeschriebene Gemüter, die die Erkenntnis dessen, dass weit hinter den sieben Bergen ein Volk schon seit Urzeiten über die Lehre von der Leere nachdachte, noch mitten ins Herz treffen konnte. An der VHS bot er daher einen Kurs über die Grundzüge des Buddhismus an; nur das We-

sentliche, ein paar Meditationstechniken, eine Einführung in die verschiedenen Schulen und in den „mittleren Weg“ des singhalesischen Theravada-Buddhismus.
Er würde seinen Schülern klarmachen, dass das Rad der Wiedergeburten und Alltäglichkeiten in Wahrheit um das 'Nichts', um eine in sich sinnhafte, zutiefst beglückende Leere kreise.

In dem Moment, in dem Kiran Bandara und Ursula sich im Seminarraum zum ersten Mal sahen, war es um sie geschehen. Seine dunklen Augen quollen vor orientalischer Süße schier über, aus den ihren sprudelten wasserhelle Wellen nördlicher Kühle. Ihre Blicken verflochten und verdrillten sich so ineinander, dass sie nicht mehr zu entwirren waren.
„Wir kennen uns schon seit langem“, sagte Kiran schließlich.
Ursula nickte.
„Seit Jahrhunderten.“
„Länger“, sagte Ursula.

Tief tauchte Ursula daraufhin in die singhalesische Mythenwelt ein. Bilder von Rama, Sita und Hanuman dem Affenkönig wurden im Haus aufgehängt, Räucherstäbchen entzündet, Mantras gesprochen: „Om Shri Hanumane Namaha.“ Das ganze Haus war ein Farbenspiel in Gelb- und Rottönen. Duftender Orient. Sitarklänge.
Tief tauchte Kiran in Ursula ein. Hanuman, eine Verkörperung von Shiva, stand Pate beim Liebesspiel.

Dann fuhren beide für drei Wochen nach Tangalle, Kirans Heimatstadt im Süden Sri Lankas. Ursula lernte dort die Kundalini Schlange kennen, die sich zeitlebens in ihr verborgen hatte und nun zum Leben erweckt werden wollte. Am schönsten Strand der Welt begrüßte sie den Morgen mit einem Sonnengruß und spürte wie Lebenskraft und -freude von Chakra zu Chakra nach oben stiegen. Wie leicht alles

war, wie unkompliziert!
„Nicht so hastig“, ermahnte Kiran sie. „Der Weg in die Leere ist lang. Ihn zu beschreiten dauert ein ganzes Leben.“ Dabei legte er seine Hand auf ihre Stirn. „Erst müssen wir dein Ajnachakra öffnen!“ Ursula spürte die Stelle über der Nasenwurzel warm werden.

Shashtis Vadana

Beim Rückflug nach Deutschland überkam Ursula beim Gedanken an die Katze ein schlechtes Gewissen. Die Arme hatte so lange allein zuhause ausharren müssen. Zudem war in den ersten Tagen nichts von ihr zu sehen, so oft Ursula auch in den Garten ging und nach ihr rief.
„Sie ist beleidigt, Katzen sind nun mal so“, sagte Kiran.
„Sie war noch nie solange weg.“
„Wenn sie Hunger hat, kommt sie schon wieder.“
„Meine arme Kleine.“
„Komm schon, Katzen kommen und gehen. Dann holen wir uns eben eine andere.“
„Wie kannst du das sagen? Ich will m e i n e Mieze!“
Kiran zuckte mit den Schultern: „Das ist Anhaftung. Du kannst nichts festhalten, nichts gehört dir.“
„Das verstehst du nicht.“
Kiran lächelte mild, doch dann veränderte sich sein Gesichtsausdruck. Die Augen wurden groß, der Mund blieb offen stehen. Er deutete auf die Terrasse. „Da, Shashtis Vahana“.
„Was?“
„Ursula, bist du schwanger?“
„Wie, nein, natürlich nicht. In meinem Alter, wie soll das gehen? Was redest du?“
„Das da ist das Reittier der Muttergöttin, der Beschützerin der Gebärenden. Schau doch hin!“
Ursulas Blick folgte dem ausgestreckten Arm ihres Freundes.

„Meine Katze!“
Sie lief hinaus, wollte sie hochnehmen, zuckte zurück. „Was hast du da auf der Stirn?“.
„Das ist ein heiliges Tier“, sagte Kiran.
„Das ist ein Furunkel.“
„Du musst Ehrfurcht vor ihr haben.“
„Vor der Mieze? Quatsch.“
„Sperr dich nicht, nimm es an.“
„Also alles was recht ist...“
„Ursula, diese Katze ist ein Wunder.“
„Nein ist sie nicht.“

In den weiteren Wochen veranstaltete Kiran ein Riesentohuwabohu um die Katze, rezitierte in einem fort Mantras, umsorgte sie von früh bis spät, vernachlässigte dabei Ursula, die es ohnehin kaum verwinden konnte, dass die Katze auf dem spirituellen Weg schon viel weiter vorangeschritten war als sie selbst. „Katzen können nicht erleuchtet werden!“
„Doch. Und ob.“
„Was hat eine Katze mit dem Nirwana zu tun? Die will da gar nicht hin.“
„Neid ist eine schlechte Eigenschaft. Demut bringt dich weiter“, sagte Kiran und zog bei Ursula ein.
Schon bald standen die ersten Pilger vor der Tür und begehrten die Wunderkatze zu sehen. Tag und Nacht qualmten im Haus Büschel von Räucherstäbchen, unzählige Gebete wurden gemurmelt, Menschen warfen sich nieder, standen auf, warfen sich erneut zu Boden, beteten, sangen, klatschten in die Hände.
Zunächst fühlten sich Ursula und Kiran vom Ansturm der Gläubigen überrannt, doch dann stellten sie den Kult um Shashtis Vadana auf eine solide finanzielle Basis und boten Fremdenzimmer an.

Nach einer nassen feuchten Nacht, als das Fell der Katze

noch nicht annähernd getrocknet war, erfasste sie ein eiskalter Morgenwind und setzte ihre Widerstandskraft soweit herab, dass ein Grippevirus in ihrem Körper Fuß fassen konnte. Die Schleimhäute aller d r e i Augen entzündeten sich.

PRINZ SIAM

PRINZ SIAM, 2011 Zwei Münder, zwei Nasen, drei Augen

Birds and Bats
Tori to Komori

キジ Kiji Fasan

Wie in jedem Frühling würde auch in diesem Jahr der Fasan wieder in Ayumis Garten auftauchen und seinen Schlafplatz hoch in der Baumkrone einnehmen, jede Nacht direkt über dem Gartentor auf einem ganz bestimmten Ast sitzen, den die Birke im Laufe der Jahre immer höher in den Himmel geschoben hatte.
Weißgraue Kothäufchen auf dem Weg würden davon zeugen, dass er vor jedem Start Ballast abwürfe.
Jeden Abend, wenn die Sonne schon lange untergegangen wäre und der Himmel nur noch Blau- und Schwarztöne, allenfalls am Horizont einen leichten grünen Schimmer aufwiese, würde wie zur Warnung sein keckernder Ruf ertönen. Gleich einem schweren Stein bräche er dann durch´s Geäst. Die Flügel schlügen schwer. Beim ungelenken Landeanflug würden Zweiglein geknickt und Blattknospen beschädigt. Auf seinem Ast angelangt, höbe er die Flügel an, um sein Gefieder zu ordnen, würde sich strecken, mit dem Bürzel ein wenig hin und her wackeln und sich zum Schlafen richten. Er würde jeden Abend bis zum Herbst wiederkommen und dann, wenn die ersten Nebel von den Feldern aufstiegen, verschwinden.

Auch in jenem Frühling wartete Ayumi auf den Fasan. Ihre Besorgnis wuchs mit jedem Tag, an dem er sich verspätete. Endlich sah sie ihn hoch oben in der Birke sitzen. Er war größer und kräftiger, als sie ihn in Erinnerung hatte.

Die kalte Jahreszeit hatte ihm offenbar nichts anhaben können.
Jede Nacht vor dem Zubettgehen sah Ayumi zu ihm hinauf. Gegen einen bewölkten Nachthimmel war die Silhouette des ovalen, zu einem langen Schwanz auslaufenden Körpers kaum auszumachen. Wenn Sterne am Himmel standen, war dort ein sternenloses schwarzes Areal. Wenn der Wind in der Nacht wehte, richtete der Fasan seinen Körper so aus, dass er eine möglichst geringe Angriffsfläche bot. Zusammen mit den biegsamen Zweigen der Birke wurde er hin und her geworfen. Sein Körper war ein vor den Sternen tanzender schwarzer Fleck. Kein Frühlingswind konnte ihn bezwingen. Ayumi bewunderte ihn. Trotz heftiger Baumbewegungen umgab ihn eine stoische Gelassenheit. Die Krallen hatten sich so fest um den Ast geschlossen wie Karabinerhaken, die einmal eingeklinkt, in hundert Jahren nicht wieder aufgehen würden.
Bevor der Vogel nachts an seinem Platz war, konnte Ayumi keine Ruhe finden. Sie schloss zwar die Augen und döste, wälzte sich aber hin und her. Eine innere Anspannung blieb. Erst wenn sie seine Stimme hörte, schlief sie ein.

Ab und an entführte sein Krächzen Ayumi in einen Traum von dem großen Wald, in dem er die kalte Jahreszeit verbrachte. Dort bogen sich die Zweige bleicher Bäume unter der Last unzähliger Federknäuel. Alle Schnäbel waren offen, aus allen Kehlen tönte Geschrei. Armdicke Baumwurzeln schlängelten sich, wie Vipern seitwärts Wellen formend, über den Weg. Ayumi sah an sich hinunter und bemerkte, dass sie sich um ihre Beine ringelten. Sie spürte deren kühle schuppige Haut und die Kontraktion der Muskeln.
Dann wich der Wald zurück und riesige Basaltquader wie von Menschenhand behauen, türmten sich auf beiden Sei-

ten des Wegs zu unbezwingbaren Wänden auf. Vor ihr lag ein Feld voller Vulkanschlacke. Vorsichtig setzte sie die Füße. Trotzdem wurde ihre Haut von scharfen Kanten aufgerissen. Blut quoll zwischen den Zehen hervor und färbte die Füße rot.
Schnee fiel herab.
Sie konnte die Flocken rieseln hören, sogar leise klirren. Weiße Hauben bildeten sich auf den Köpfen der nun schweigenden und sich duckenden Tiere. Binnen kurzem waren sie eingeschneit und von den bleichen Stämmen und Ästen nicht mehr unterscheidbar. Der Schnee schmolz auf Ayumis Haut. Auf der Zunge hinterließ er einen metallischen Geschmack.
Der Fasan, kaum kleiner als sie, flog auf sie zu. Sein dunkelgrünes Brustgefieder wölbte sich wie der Bug eines Schiffes, die blauen Federn am Hals glänzten metallen. Eine rote Maske bedeckte das Gesicht, aus schmalen Schlitzen fixierten sie starre Augen. Die Spitze des Schnabels zielte auf ihre Stirn. Sie wollte die Hände heben, um ihren Kopf zu schützen, da schlug er ihr schon mit dem Flügel ins Gesicht.

„Wach auf, Ayumi, richte das Frühstück!“ Haruto versetzte ihr noch einen weiteren Klaps, dann einen kräftigen Nasenstüber, ließ erst von ihr ab, als sie die Decke zurückschlug. Haruto, der Bruder, Haruto, der Prinz.
Seit ihre Mutter fort war, musste Ayumi ihm und dem Vater dienen und das Haus besorgen. Seit fast zwanzig Jahren. Mittlerweile war sie fünfunddreißig, ein *Makeinu*, ein „Verliererhund“. In diesem Alter würde sie keinen Mann mehr bekommen.
Nun, wenn das so wäre, so sagte man ihr, dann müsse sie eben morgens ein bisschen früher aufstehen, um vor der Arbeit für die Männer Reis und Misosuppe zu kochen, Omelett zu braten, *Shisamo*, den Salat aus Shiraso-Fischen

zuzubereiten und *Tsugemono*[2] und *Nattō*[3] aufzutischen. Wenn sie nichts als ein nutzloser Ast am Familienbaum sei, dann müsse sie eben abends ein wenig länger aufbleiben, um die Wäsche der Familie zu waschen oder die Tatamimatten zu reinigen.
Nun ja, nun ja, das wäre eben so, da könne man nichts ändern.
„Steh endlich auf, Ayumi, ich hab Hunger", zischte Haruto.
Bevor sie zu ihrer Arbeit in der Chemiefabrik von Odawara fuhr, räumte Ayumi die Küche auf und fegte sorgsam den Fasanenkot vom Gartenweg.

カラス Karasu Krähen

Seit kurzem arbeitete ein Deutscher bei M. Chemicals/Odawara und unterwies einheimische Arbeiter im Gebrauch einer neuen Maschine. Er hatte hellblonde, fast weiße Haare und wasserblaue Augen. Die meisten fanden ihn sehr hässlich und fürchteten sich vor ihm. Ein paar Frauen hingegen schien er interessant, sie waren von allen fremden, exotischen Männern fasziniert. „Gajin hunter" gab es auch in Odawara.
Bei Schichtende stand der Mann hinter Ayumi und steckte nach ihr die Stempelkarte in den Schlitz der Stechuhr. Dann schlenderte er neben ihr her. „My name is Lars." Er hielt ihr die Hand hin, zog sie aber gleich wieder zurück und verbeugte sich stattdessen:
„Kon´nichiwa."
Ayumi lächelte und erwiderte die Verbeugung.
„Sie sind mir gleich aufgefallen. Wenn es nicht zu unhöflich ist, darf ich sie auf einen Kaffee einladen?"
Ayumi war überrascht. So eine direkte Frage!
„Ich bin neu hier und möchte etwas über ihre Stadt erfah-

ren und vor allem würde ich Sie gern kennenlernen."
Ayumi sah sich um und entdeckte in geringer Entfernung ihre Freundin Misaki, die gern ausländische Männer 'erlegte'. Misaki winkte ihr eifrig zu.
„Nicht jetzt. Bin sehr in Eile und hab heute keine Zeit."
„Darf ich Sie morgen wieder fragen?"
„Vielleicht."
„Ich würde mich sehr freuen." Wieder deutete er eine Verbeugung an.

Am Wochenende besuchten Ayumi und Lars ein gerade angesagtes Café, das aussah, als hätte man es direkt aus Wien importiert. Es gab Stühle, Tischdeckchen, Kaffee und kleine Törtchen. Lars harmonierte mit dieser Umgebung, er passte hierher. Seine Größe und seine breiten Schultern beeindruckten sie, vermittelten ein Gefühl von Stärke und Schutz, und von der hellen Haut und seinen runden blauen Augen war sie fasziniert. Auch freute sie sich, dass er sich ihr gegenüber um ein höfliches Japanisch bemühte. Es gelang ihm zwar nicht immer, aber sie unterdrückte das Lachen, um ihn nicht zu beleidigen.
Sie besuchten noch ein paar Mal das Wiener Café und gingen abends in verschiedene Restaurants, oft in ein *Izakaya*[4], wo Ayumi ihm liebevoll und achtsam die besten Stücke auf seinen Teller legte. Danach machten sie lange Spaziergänge durch die nächtliche Stadt und landeten in seiner kleinen Wohnung im Viertel Koyawata.
Der Tag des *„kokuhako"*, als er ihr seine Zuneigung gestand und sie fragte, ob sie mit ihm gehen möchte, war für sie der schönste seit sehr langer Zeit. Sie zierte sich nicht, sagte sofort ja.

Früh am Morgen fielen ein paar Sonnenstrahlen durch das Fenster seines Schlafzimmers. Vor ihnen lag ein langes ar-

beitsfreies Wochenende. „Wann zeigst du mir den Fudschi?“, fragte Lars und streichelte über ihre nackte Brust. Sie hielt seine Hand fest. „Wenn du aus dem Fenster schaust, siehst du ihn doch von hier.“
„Ich sehe sogar zwei davon.“ Er beugte sich vor und küsste sie auf beide Nippel. „Aber im Ernst. Wir fahren bis zur Gogome-Station, machen einen Abstecher in den Aokigaharawald zur Narusawahöhle und nehmen die Yoshidaroute auf den Gipfel. Was sagst du dazu?“
„Ich weiß nicht. Ich bin nicht vorbereitet.“
„Dann fahren wir zu dir und holen schnell deine Sachen.“
„Aber man braucht Bergschuhe.“
„Die kaufen wir. Und morgen früh erwarten wir die Sonne auf dem Gipfel des Fudschi.“
„Du willst auch noch dort oben übernachten?“
„Auf der Taishikanhütte.“
„Nein.“ Ayumi schob ihn weg und setzte sich auf. „Da gibt es nur *Tori to Kōmori*.“
„Was meinst du?““
„Birds and bats. Ich will da nicht hinauf.“
„Aber warum denn nicht?“
„Die Krähen im Aokigahara sind riesig und fruchtbar grausig. Sie fressen Aas.“
„Krähen gibt es hier doch überall. Die gehören zu Japan.“
„Sie bringen Unheil. Kennst du 'Die Umarmung des Todes' von Kiron Natsuo?“
„Kennst du Hitchchocks 'Vögel?' Na und, was ist dabei? In meiner Heimat hat man Angst vor Eulen. Meine Oma prophezeite, dass innerhalb einer Woche in der nahen Umgebung drei Menschen sterben würden, wenn sich eine Eule auf ihrem Dach niederließe.“
„Und, stimmte es?“
„Nur, wenn man auch den Nachbarshund einrechnet.“
„Ich betrete den Wald am Fujisan trotzdem nicht.“
„Auch nicht mit mir?“

„Nein, niemals. Bitte dräng′ mich nicht."
„Meinst du das wirklich ernst? Wegen der Vögel und Fledermäuse? Bist du so abergläubisch?"
Sie seufzte. „Nenn es, wie du willst."
„Entschuldige, aber das ist lächerlich. Da steckt etwas anderes dahinter."
Ayumi schwieg. Das Schweigen breitete sich im Raum aus, floss über den Boden.
„Willst du dich nicht mir in der Öffentlichkeit zeigen?", fragte Lars.
„Nein, wie kommst du auf einmal darauf?"
„Doch, doch. Das ist dein Problem. Ich bin ein Gaijin. Die Leute gucken."
Ayumi schüttelte den Kopf und schlug die Augen nieder.
„Was ist es dann?"
Sie stand auf und zog sich an: „Ich muss gehen."
„Du stehst nicht zu mir", sagte Lars.

Draußen auf der Straße holte Ayumi tief Luft und lief los, rannte quer durch Koyawata. Außer Atem und mit Seitenstechen hielt sie erst an, als nur noch die breite Seishostraße vor ihr und dem Meer lag. Links von ihr öffnete sich ein kleiner Park. Dort ließ sie sich auf einer Bank nieder, um Luft zu holen und sich zu beruhigen.
Doch nicht lange.
Tausende Krähen hatten hier die Nacht verbracht. Von allen Seiten ertönte ihr zorniges „Kau-Kau", fixierten sie schwarz glänzende Augen, wurden kräftige Schnäbel weit aufgerissen: Ein Mensch! Ein Mensch zu dieser frühen Stunde! Das Krächzen der Vögel schwoll zu ohrenbetäubendem Getöse, das Ayumi in den Ohren gellte. Sie erhob sich mühsam und trottete weiter in Richtung Meer. Vor ihr markierte ein Zebrastreifen die Straße. Auch hier saßen unzählige Krähen auf den Leitungen und warfen Walnüsse auf die Straße, um sie von den Autos knacken zu

lassen. Als das Licht der Ampel auf grün wechselte, stießen sie herab und überquerten zusammen mit ihr die Straße, um zu ihrem Futter zu gelangen. Einige von ihnen pickten nach ihren Zehen. Es tat weh, aber es waren so viele, dass sie sich nicht traute, nach ihnen zu treten.

Eine besonders große Nuss war so geplatzt, dass das Innere noch gut zu erkennen war. Mit den Faltungen und Windungen sah es wie ein menschliches Gehirn aus. Eine riesige Krähe hackte mit kräftigen Hieben auf die Schale ein.

„Nichts kann vor Karasu, der Krähe, verborgen werden, kein noch so gut gehütetes Geheimnis in deinem tiefsten Inneren“, hatte die Mutter immer gesagt. Als sie fortging und nie mehr zurückkehrte, war Ayumi sechzehn, ihr Bruder Haruto acht. Der Sommer war schon vorüber und der Herbst hatte morgens ein wenig Reif auf den Feldern zurückgelassen. Der Fasan hatte die Mutter überredet, mit ihm in den Aokigaharawald zu kommen.

Sag mir Mutter, warum ließest du dich locken?
Was wolltest du in diesem Wald?
Die Krähen fressen dein totes Fleisch.

Lars entschuldigte sich zwar für sein Verhalten, das auf sie wohl einschüchternd und bedrängend gewirkt habe. Doch spürte sie, dass er ihre Reaktion weder verstanden noch respektiert hatte und auch nicht die nötige Geduld aufbringen würde, um auf ihre Erklärung zu warten, darauf, dass sie ihm den wahren Grund für ihre Ablehnung verriete.

Doch er hatte recht, sie würde ihm nicht erzählen, dass ihre Mutter im Aokigahara ihrem Leben ein Ende gesetzt hatte und von Schlafmitteln betäubt auf den Waldboden gesunken war. Noch zu keinem hatte Ayumi davon gesprochen.

Ein paar Tage später sah sie Lars Hand in Hand mit Misaki den Strand von Odawara entlang spazieren.

コウモリ Tomori Fledermäuse

Ayumis Abende waren seitdem einsamer als je zuvor. Das Gift der väterlichen Beschimpfungen drang immer tiefer in sie ein. Der Gestank der Schmähungen, die der Bruder über sie ausgoss, verursachte ihr andauernde Übelkeit. Müdigkeit kletterte an ihr empor wie Efeu an einem Baum und wich nicht mehr von ihr. Sie dachte an ihre Mutter, versuchte, sich an ihr Gesicht und ihre Bewegungen zu erinnern. Vielleicht war da noch irgendwo ein wenig Wärme übrig?

In diesem Moment stiegen gänzlich neue Fragen in ihr hoch, verschlugen Zweifel ihr den Atem: War alles anders, als sie bisher angenommen hatte?

Hatte das Glitzern der bunten Fasanenfedern Mutters Traurigkeit vertrieben?

War sie dem Vogel gern gefolgt?

War sie frohgemut und übermütig über die Holzstege im Aikogahara-Wald gehüpft?

Hatten ihre Absätze dabei ein frohes Stakkato verursacht, das keck durch den *Jukai*[5] schallte?

Hatten die Vögel im gleichen Rhythmus gezwitschert und die Bänder an den Bäumen lustig im Wind geflattert?

War der Aokigahara in Wirklichkeit nicht dieser vergiftete Wald, vor dem man die Kinder warnte, sondern ein lebendiges Gebilde voll weichem Moos und duftenden Kräutern?

War die menschliche Gestalt ihrer Mutter nur ein Trugbild, ein anmutig vorüber eilender Geist?

War sie in Wahrheit ein Kobold, der über die Schilder im Aokigahara spottete, die den Wanderern mit ernsten Wor-

ten den Wert des Lebens priesen? Ein *Tamashii*[6], der seinen Schabernack mit den Menschen trieb, indem er sie ihre Kinder vergessen ließ?
Wuchsen Orchideen aus den Schuhen, die sie ausgezogen und sorgsam vor ihr Bett aus Farnen gestellt hatte?

Eine kaum wahrnehmbare Bewegung am Rand des Lichtkegels der Straßenlampe brachte Ayumi dazu, genauer hinzusehen. Ein schwarzer Schatten in schwankendem Flug änderte blitzschnell die Richtung und blieb dann kurz in der Luft stehen. Ein winziges Mäulchen mit nadelspitzen Zähnen schnappte nach einer Motte, die mit vielen anderen in engen Kreisen um das Licht schwirrte. Dann kippte der kleine Körper mit seiner Beute zur Seite und ließ sich wieder ins Schwarze fallen. Ayumi schloss das Fenster und legte sich hin.
Sie kannte dieses eigenartige Bewegen in der Luft, diese Leichtigkeit des Fliegens schon. Kurz nach dem Tod der Mutter hatte sie eine Vision gehabt, die zunächst jede Nacht wiederkehrte, dann aber seltener wurde. Jetzt waren diese Bilder wieder da, so klar wie in der ersten Zeit: Ihre Mutter und sie waren in atemberaubend schnellem Flug über Odowara und entlang der endlosen Sandstrände der Sagamibucht geglitten, waren dann mit vielen hektischen Richtungswechseln der zerklüfteten Küstenlinie von Zushi nach Mura gefolgt. Kein Felsen, keine Bucht war ausgelassen worden, alles wurde in schwindelerregendem Zickzack abgeflogen, in atemberaubender Schnelligkeit, die keinem Vogel möglich war. Immer weiter war es gegangen, erst die Küste entlang über Yokusuka, Yokohama nach Tokio, dann in einem großen Bogen über das riesige Meer der Häuser, zum See der Bäume rund um den Fujisan.
Ihre Mutter war ein *yokai*[7] in der Gestalt einer Fledermaus. Und nun wusste Ayumi auch, wo der Flug enden

würde – in der wohligen Wärme der *Saiko tomori ana*, der Fledermaushöhle im Aokigahara. Dort würde sie ihre Mutter wiedersehen und fortan mit ihr zusammen durch die Nacht fliegen.

„Nächstes Wochenende werden wir die Birke fällen", sagte der Vater.
„Warum?", fragte Ayumi, „sie ist doch so schön!", .
„Der Fasan scheißt den Weg voll."
„Bitte, ich säubere ihn doch jeden Morgen."
Haruto packte sie mit festem Griff am Arm: „Hörst du nicht, was der Vater sagt?"
„Bitte tu′ es nicht."
„Es ist beschlossen!"
„Wenn der Fasan geht, gehe ich mit ihm."
„Was willst du tun?", fragte der Vater und hielt dabei die Hand ans Ohr, als ob er sie nicht richtig verstanden hätte.
„Ach, lass′ sie, alles leeres Gerede. Wohin soll sie schon gehen?", sagte Haruto.

[1] Kami - Naturgeister
[2] Tsugemono - eingelegtes Gemüse
[3] Nattō -gekochte und fermentierte Sojabohnen
[4] Izakaya - eine einheimische Kneipe
[5] Jukai, Abkürzung von Fuji no jukai: Baummeer am Fuji. Ein anderer Name für den Aokigahara Wald
[6] Tamashii - die Seelen der Toten
[7] yōkai - magische Fabelwesen

Das Triptychon

„Werter, Meister. Mein Auftraggeber möchte bei Euch ein Triptychon bestellen. Doch ist es nicht, wie Ihr vielleicht denken mögt, für die Andacht gedacht, sondern für die Kammer, fürs Herrenzimmer."
„Wessen Inhalts?"
„Das könnt Ihr Euch doch denken. Keiner vermag das Fleischliche so darzustellen, wie Ihr. Also möglichst viel davon."
„Nun, wie Ihr wisst, verfüge ich über ein breites Spektrum ..."
„Und doch ist es, wenn ich mir die Bemerkung gestatten darf, die Darstellung des Nackten, die Eure Kunst so einmalig macht – so delikat und lebensnah und dabei doch überirdisch schön!"
„Nur zu, nur weiter mit der Schmeichelei! Das Werk ist also für den privaten Gebrauch bestimmt?"
„Für den allerprivatesten, daher die Form des Triptychons. Naht die werte Gattin oder gar die Mutter, so soll es sich schnell zuklappen lassen, um alles Sündige zu verbergen. Außen soll eine Landschaft mit einer prunkvollen Kirche zu sehen sein. Lobet und preist den Herrn!"
„Das lässt sich machen. Doch was wollt Ihr im Inneren sehen?"
„Das überlass ich ganz Eurer Eingebung!"
„Anthonis van Dyck hat jüngst eine schöne Susanna im Bade abgeliefert. So in der Art?"
„Ohne Eurem Schüler zu nahe treten zu wollen - das Mädchen wirkt doch sehr verschreckt. Ich dachte mehr an Tintoretto. Schön soll sie sein, aber selbstbewusst, in sich selbst

versunken."
„Wie die schönste Frau von Flandern?"
„Ihr sagt es. Sie könnte eurer Gattin ähneln. Fleischlich, aber doch züchtig soll es auf der mittleren Tafel zugehen."
„Damit sich die Herren nicht allzu sehr vor dem Weiblichen fürchten?"
„Für die Hartgesottenen wird es umso schamloser auf dem linken Flügel zugehen!"
„Eine Darstellung der Sünde ohne jede Einschränkung?"
„Ich hab´ ein Mädchen, das gern alles zeigt!"
„Ihr wisst, dass dies den Preis in große Höhe treibt?"
„Da macht Euch keinerlei Gedanken. Wir werden Euch gut entlohnen! Auf der Innenseite des rechten Flügels wünschen wir zudem ein paar brünstige Vögelchen zu sehen."
„Wer ist denn Euer Auftraggeber?"
„Dringt nicht in mich, ich werde es Euch nicht verraten. Doch nehmt diesen Beutel Gold als erste Zahlung!"

Schüler und Gesellen mühten sich mit Hintergrund, Vögelchen und Landschaft ab. Der Meister selbst machte sich an die Darstellung der zwei Alten und der Frauen. Seine junge Gattin Helene saß ihm – wie immer – liebend gern Modell. Von dem zweiten Mädchen, dem er sich danach widmete, wusste sie jedoch nichts. Erst wenn die Ehefrau allabendlich schlummerte, schickte er den Diener fort, der wenig später mit einer schmalen Gestalt zurückkam und sie durch die hintere Tür hereinführte. Erst weit nach Mitternacht spreizte diese ihre Beine und ließ ihre purpurne Schnecke ans Licht und erst im ersten Morgenlicht vereinigte sich auf der Leinwand zartestes Rosa mit tiefem Karmesinrot, wurden schimmernde Glanzlichter gesetzt.
Das fertige Bild hielt der Meister in einer Kammer, den Genuss am fremden Weib im Herzen verschlossen.
Nach ein paar Wochen waren endlich alle Farben getrocknet und der schützende Firnis aufgetragen. Das Triptychon

konnte übergeben werden.

Der Auftraggeber höchstselbst begab sich im Schutz der Dunkelheit ins Atelier, um es zu begutachten. Er und ein paar Freunde sowie mehrere Diener standen im Halbkreis um das verhüllte Werk. Schwungvoll zog der Meister das Tuch weg und blickte in zunächst freudig erregte, dann ratlose Gesichter.
Etwas war nicht in Ordnung. Er drehte sich um und erstarrte.
Der linke Flügel fehlte.
Er war abmontiert worden.
Der rechte Flügel war noch zugeklappt und zeigte die Hälfte einer prächtigen Kirche. Daneben der linke Teil von „Susanne im Bade“ im Inneren des Triptychons. Es ergab sich das absurde Bild eines Kirchentorsos, aus dem zwei, von alten Männern lüstern begaffte, Frauenbeine ragten.
Der Meister sah sich im Raum um: war der Flügel nur abgefallen und lag am Boden, hatte ihn jemand aufgehoben und irgendwo hingestellt? Doch so sehr er auch suchte, der linke Flügel mit der zweiten Hälfte der Kirche auf der einen und dem sündigsten Mädchen des Jahrhunderts auf der anderen Seite war verschwunden! Er konnte das Werk nicht ausliefern und musste sogar die Anzahlung zurückerstatten.
„Wie konnte das nur geschehen?“ fragte ihn des Nachts seine junge Frau mit ungläubigem Augenaufschlag.
Der Meister hatte den Eindruck, dass sie nicht so überrascht war, wie sie hätte sein sollen. In ihren Augen war ein Ausdruck, den er noch nie gesehen hatte.

Dreifingerfaultier

Das Dreifingerfaultier Bradi hat eine begrenzte Vorstellung von Mathematik. Es kann bis drei zählen, sieht sich dazu aber nur veranlasst, wenn es auf die Familie Choleopus trifft, deren Mitglieder an jeder Hand nur zwei Finger haben. Zwar besitzen die Zweifingrigen ebenfalls drei Zehen, weswegen man sie immerhin zur weiteren Verwandtschaft zählt, aber eben nur zur 'krüppligen Verwandtschaft', die man nolens, volens auf größeren Famillienereignissen wie Beerdigungen und Hochzeiten trifft.
Der schöne Bradi lümmelt dann an der festlich gedeckten Tafel herum, beugt sich weit vor und langt mit den langen Armen hinüber, fährt mit den Fingern wie absichtslos über das Tischtuch, trägt auffallende Ringe und knabbert mit blasiertem Gesichtsausdruck an seinen sechs Fingernägeln herum.

Eine Abbildung des entspannt in einem Baum dösenden Bradi und seines an einem Ast baumelnden, eher mickrigen zweifingrigen Verwandten Loepi beschäftigt heute den naturwissenschaftlichen Förderverein 'Fauna, Flora und Sonstiges e.V.', dessen Mitglieder sich einmal im Vierteljahr im großen Saal des Lüdenscheider Naturkundemuseums zu einem Vortrag treffen.
Hinter dem Rednerpult zwischen Bradi und einer Vitrine mit schwach beleuchteten, toten und in der Folge ausgestopften Wüstenrennmäusen hat sich der Vorsitzende Dr. rer. nat. Semmelmeier aufgebaut. „Die Frage ist ja nun“, schmettert er in den Raum, „warum hat das eine Dreifingerfaultier drei Finger und das andere nur zwei?“
Nach einer spannungsgeladenen Pause erläutert er den An-

wesenden, dass die Dreifinger-Faultiere (Bradypus) die einzige Gattung innerhalb der Familie der Bradypodidae seien und eine der zwei heute noch bestehenden Linien der Faultiere (Folivora) darstellten. Der Name Dreizehen-Faultiere, der diesen Tieren manchmal gegeben werde, sei insofern missverständlich, als auch die Zweifinger Faultiere (Choloepus), die zweite rezente Linie, an den Hinterfüßen ebenfalls drei Zehen besäßen.

„Aha", meint Frau Dr. sc. hum (scientiarum humanarum) Angermeier, „Bradipus scheint mir der Endpunkt einer aus Folivora hervorgegangenen Entwicklung zu sein. Er wirkt deutlich ausgereifter und viel prächtiger als Choleopus."

Dr. phil. Erlesbacher meldet sich zu Wort: „Seit wann wachsen den Lebewesen zusätzliche Finger, eher verlieren sie doch welche. Die Evolution schreitet voran und nicht zurück, immer voran."

„Vorwärts immer, rückwärts nimmer", mault Dr. des (designatus) Liebermann, den aber wegen seiner noch nicht veröffentlichten Doktorarbeit keiner im Raum ernst nimmt.

„Ich bleibe dabei, die Evolution gipfelt in Bradipus, er ist der perfekte Endpunkt einer langen Auslese, Choloepus ist ein Irrweg, ein Fehler, der in der Folge ausgemerzt werden wird."

„Mit zwei Fingern fällt man also eher vom Baum?"

„Wer wird hier ausgemerzt?"

„Choloepus ist nunmal unterentwickelt, wenn nicht gar verkrüppelt. Das wird man wohl noch sagen dürfen."

„Jetzt hört´s aber auf, Frau Dr. Angermeier, Choloepus ist doch kein Fehler, sondern eine eigene Gattung. Sie entstand im Oligozän vor rund 30 Millionen Jahren!"

„Phh. Glaub ich nicht!"

„Frau Dr. Angermeiers Argumentation scheint mir ausgesprochen teleologisch", findet Dr. Liebermann.

„Gottes Wege sind eben unergründlich, junger Mann", schaltet sich Dr. theol. Immergrün ein.

„Unergründliche Wege gibts nur im Moor."

„Am dritten Tag schied der Herr Erde von Wasser, das Meer vom festen Untergrund."
„Und am sechsten schuf er das Dreifingerfaultier und am achten das Zweifingerfaultier oder war es umgekehrt?"
„Erst das Zwei- dann das Dreifingrige, sag ich doch." Frau Dr. Angermeier lächelt Herrn Dr. Immergrün an.
„Vielleicht war Gott am siebten Tag so besoffen, dass er sich nicht mehr an die Erschaffung des dreifingrigen Faultieres erinnern konnte, und daher am achten Tag nochmal eines erschuf?"
„Junger Mann ..."
„Außerdem litt er unter einem derartigen Kater, dass er nicht mal mehr bis drei zählen konnte."
„Das, das ist Blasphemie, was Sie da treiben."
„Ich betreibe Ihre Demontage, Herr Dr. Immergrün, das ist alles!"
„Meine Herren und Damen Doctores! Bitte!", schaltet sich Dr. Semmelmeier ein. „Lassen Sie uns fortfahren."
„Vielleicht kommen wir weiter, wenn wir uns die Lebensräume der beiden Gattungen ansehen. Die Einen bewohnen den Boden, die anderen turnen in den Bäumen", schlägt Dr. h. c. Husserlmüller vor und lacht freundlich in die Runde, um die Wogen zu glätten.
„Nein, leider nicht. Die heutigen Zwei- als auch Dreifingerfaultiere leben fast vollständig in tropischen Regenwäldern in den Baumkronen und ernähren sich von Blättern, bzw. von ein paar Insekten. Sie bewohnen die gleiche ökologische Nische."
„Die einen turnen tagsüber herum, die anderen nachts?", hofft Dr. Husserlmüller.
„Nein, beide Gattungen sind sowohl sowohl tag- als auch nachtaktiv."
„Die einen krabbeln aufrecht, die anderen hängen?"
„Werden Sie nicht albern, beide bewegen sich meist mit dem Rücken nach unten hängend vorwärts. Sogar dar Haarstrich

verläuft vom Bauch zum Rücken, sodass der Regen abperlen kann."

Frau Dr. Angermeier kann sich nicht zurückhalten: „Die Evolution macht nichts aus Jux und Tollerei. Wenn derjenige überlebt, der am besten angepasst ist, dann überlebt eben nur der!"

„Die kämpfen doch nicht miteinander. Das sind strikte Einzelgänger!"

„Survival of the fittest! Einer m u s s übrig bleiben."

„Wär′ ja schön, wenn das bei Menschen auch gelten würde. Survival of the intellegentest. Dann hätte es so mancher hier in der Runde schwer", mault Dr. Liebermann.

„Also hören Sie mal, veröffentlichen Sie erstmal Ihre Dissertation, bevor sie hier Ihren Schnabel aufreißen!"

„Apropos Schnabel, die beiden Gattungen unterscheiden sich erheblich durch ihre Zähne. Das bringt mich zu Herrn Dr. med. dent. Geier. Bitte!" Dr. Semmelmaier tritt zur Seite, Dr. Geier quetscht sich hinters Rednerpult und legt einen Stapel Papiere vor sich, blättert ein wenig darin herum und hebt an: „Als ein gemeinsames Merkmal kann die Struktur der hinteren Zähne angeführt werden, deren Kauflächen zwei querständige Schneidkanten aufweisen. In die Gruppe gehören die Megalonychidae, welche durch die Modifikation des jeweils vordersten Zahns charakterisiert werden, der eine eckzahn- (caniniform) oder schneidezahnähnliche (incisiform) Form aufweist und durch ein langes Diastema von den hinteren, molarenartigen ..."

„Aufhören, bitte nicht!", ruft Dr. h. c. mult. (multiplex) Pfitzelsreuther, „ich habe mir geschworen, keine Minute meiner Lebenszeit einem weiteren Vortrag über Zähne zu opfern!"

„Können wir uns nicht darauf einigen, dass die Zweifingrigen aus einem Paralleluniversum quasi in unsere Dimension herübergespült wurden?", fragt Dr. Husserlmüller.

„Quatsch!"

„Ach ja und wielviel wahrscheinlicher ist die unilineare Evo-

lutionstheorie á la Angermeier?", ärgert sich Dr. Husserlmüller und pfeift auf weitere deeskalierende Bemühungen.
„Dem kann man sich rein rechnerisch annähern, ebenso wie der Möglichkeit einer Entwicklung hin zur Zwei- oder Dreifingrigkeit", schlägt Herr Dr. sc. math.(scientiarum mathematicarum) Rechinger vor.
„Was bringt uns das?"
„Nö, das wollen wir nicht."

„Meine Herren und Damen Doctores", ergreift Dr. Semmelmeier wieder das Wort: „Wir müssen eben eine Kontingenz in diesem Fall hinnehmen, jede Theorie kann schließlich hinterfragt werden. Anders als die Evolutionstheorie à la Angermeier behauptet, ist die Dreifingrigkeit k e i n e für die Anpassung an seine ökologische Nische notwendige Entwicklung, die alternative Entwicklungen unmöglich erscheinen lässt. Die pure Existenz eines zweifingrigen Faultieres, das ebensogut in genau dieser ökologischen Nische zurechtkommt, beweist also, das Dreifingrigkeit weder notwendig, noch die Zweifingrigkeit unmöglich ist."
„Das führt uns zu Gott."
„Herr Dr. Grünmeiser! Was führt bei Ihnen denn noch alles zu Gott?"
„Immergrün, ich heiße Immergrün!"
„Herr Dr. Immergrün. Kommen Sie uns doch nicht wieder mit irgendeinem Gottesbeweis!"
„Wieso denn nicht? Das Seiende auf dieser Welt ist nicht unmöglich, aber auch nicht notwendig, ist also kontingent. Wie das Faultier kann es sein oder nicht, es kann vergehen. Die Tatsache, dass es überhaupt seiend ist, muss es einem nichtkontingenten letzten Grund verdanken, einer notwendigen Existenz aus sich heraus. Ens a se sag ich nur - also Gott!"
„Der ab und an nicht bis drei zählen kann!"
„Herr Dr. Liebermann! Haben Sie meinem Einwand folgen können? Sind Sie geistig überhaupt dazu in der Lage?"

„Keine Sorge, das bin ich. Aber warum soll es einen letzten Grund geben? Warum widerfährt uns das Leben nicht einfach, so wie dem einen Faultier die zwei Finger und dem anderen die drei?"
„Das wäre ja purer Zufall!"
„Na und?"
„Wo bleibt denn da der Sinn?"
„Das frage ich mich langsam auch: Was will ich in diesem bigotten Altmännerverein?"
„Ich bin doch kein alter Mann!", keift Frau Dr. Angermeier.
„Dann eben eine alte Schrulle."
„Was erlauben Sie sich!"
„Ich gehe!"
„Nein, ich gehe!"
„Scheißverein!"
Während die Kontrahenten dem Ausgang zustreben, schiebt Dr. Semmelmeier seine Papiere zusammen: „Meine Herrschaften, das bringt mich zum letzten Punkt meines Referats: Während Zweifinger-Faultiere ihre Fäces einfach vom Baum fallen lassen, steigen Dreifinger-Faultiere zum Kotabsetzen regelmäßig auf den Boden herab. Dort werden sie relativ oft von Beutegreifern gefressen. Ich danke Ihnen für Ihr Interesse!"

MÄRCHENSTUNDE

DIE VORLESERIN, WER RETTET DIE GROSSMUTTER, 2022

WILDE NATURGEISTER, 2011

ALLES WIE VERHEXT, 2012

HERRIN DER PHANTOME, 2011